破局话术

王志和 —— 著

沈阳出版发行集团
沈阳出版社

图书在版编目(CIP)数据

破局话术 / 王志和著. --沈阳：沈阳出版社，
2025.8. --ISBN 978-7-5716-5183-1

Ⅰ. H019-49

中国国家版本馆 CIP 数据核字第 2025TN3672 号

出版发行:沈阳出版发行集团│沈阳出版社
　　　(地址:沈阳市沈河区南翰林路 10 号　　邮编:110011)
网　　址:http://www.sychs.com
印　　刷:三河市富华印刷包装有限公司
幅面尺寸:145mm×210mm
印　　张:5.5
字　　数:100 千字
出版时间:2025 年 8 月第 1 版
印刷时间:2025 年 8 月第 1 次印刷
责任编辑:范莹莹
封面设计:天下书装
版式设计:文溯苑
责任校对:张　畅
责任监印:杨　旭

书　　号:ISBN 978-7-5716-5183-1
定　　价:69.00 元

联系电话:024-62564911　024-24112447
E - mail:sy24112447@163.com

本书若有印装质量问题,影响阅读,请与出版社联系调换。

目　录

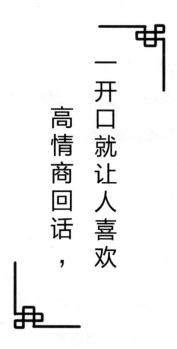

第1章

一开口就让人喜欢

高情商回话，

能表达固然是一种优势，但会回话，让彼此相聊甚欢，才是更强的能力。一个人善于回话，处处受人欢迎，赢得机会；不善回话，则处处碰壁，错失机会。

场合不同，回话的方式也不同

同样的问题，在不同的场合中，有不同的回话方式，不能千篇一律。坚持原则和自己的观点并没有错，但是用什么样的回话方式表达自己的观点，考验的是一个人的智慧。那么，在不同场合中，回话要把握哪些原则呢？

原则一：话到嘴边留三分

回答问题时，要给自己留有余地。俗话说，"打人不打脸，骂人不揭短"，尤其是在公众场合，即使大家是熟悉的朋友，回答对方问题时也不宜揭短，以免让对方陷入尴尬境地。这不仅会损害对方在公众中的形象，也会降低自己的形象，甚至会造成彼此间的矛盾。

原则二：公共场合，言多必失

常言道，"言多必失"，在公共场合回答问题时，要尽量少说，做到掷地有声才能让别人信服。

原则三：正式场合，用语要得当

回答要注意正式场合和非正式场合。正式场合回答问题时要严肃认真，回答应遵循内外有别的原则，让人觉得你是一个识大体、有修养的人。

原则四：说话语气，要把握好尺度

回答要与场合中的气氛相协调。古有"一语千金"之说，也有"妙语退敌兵"之事，能说会道也是一种本领。我们要重视回答的作用，还要讲究回答的艺术，针对不同场合、不同对象，选用最得体、最恰当的话语来回应，才能收获最佳的效果。

01 当初次见面的人向你问好时

☺ 一般的想法

○很高兴认识你。

☺ 高手的思路

○你好呀，很高兴能和你聊天。

○你好呀，我已经等不及想和你聊天了。

○嘿，你好啊，很高兴和你交流。

○你好啊，很高兴能和你交个朋友，有空一起去玩。

02 当别人跟你说"谢谢"时

☺ 一般的想法

○不客气。

☺ **高手的思路**

○不用客气，真的很开心能够帮助你。

○没关系，我知道你也一直在默默地支持我。

○不用谢，你之前也帮了我很多忙，我们互相帮助。

◆03 当有人夸奖你时

☺ **一般的想法**

○您过奖了。

☺ **高手的思路**

○谢谢你的夸奖，我觉得你也很出色。

○谢谢，你说话总是让人这么开心。

○谢谢你的夸奖，我会继续努力。

○谢谢你的夸奖，其实我也是通过不断学习和实践才取得了一些成绩。我相信只要你努力，也能够在这个领域有出色的表现。

◆04 当有人问你年龄，你不想告诉他时

☺ **一般的想法**

○你猜猜看。

☺ 高手的思路

○年龄不重要,重要的是我现在很享受生活。

○我是一个永远年轻的人,年龄只是一个数字而已。

05 当有人说自己"老了"时

☺ 一般的想法

○是啊,岁月不饶人。

☺ 高手的思路

○别这么说,你只是比昨天多了一天的人生经验而已。

○老了?别开玩笑了,你只是从"青春版"升级到了"经典版"!

○年龄只是数字,你的心态和活力比年轻人还要棒!

○哈哈,你这么说,我都快要以为自己是在参加"老年人聚会"了!不过,我们这个年龄段的人可是最有智慧和经验的哦!

○老了又如何?我们一起走过的岁月才是最珍贵的财富。

06 当对方问你怎么还不生孩子时

☺ 一般的想法

○不想生。

☺ 高手的思路

○生孩子嘛，会努力的，不会让你们失望的。

○已经开始备孕了，正在吃维生素，规律健身，看育儿书籍……

○我们想先享受二人世界，把生活过得更扎实些，等准备好了自然会考虑。

○每个人都有自己的节奏，现在的状态我们觉得很幸福，谢谢您的关心！

07 当有人说你胖时

☹ 一般的想法

○喝水都长肉，没办法啊。

☺ 高手的思路

○我这不是胖，是对生活过敏导致的肿胀！

○没点儿体重能压得住我的美貌吗？

○看来我得向你取经，怎么保持这么"恰到好处"的身材呀？

与领导沟通的高情商说话技巧

在工作中，与领导进行有效的沟通是至关重要的。作为沟通的一部分，回话是一门需要技巧和智慧的艺术。下面介绍十个高情商的沟通原则，帮助你与领导进行有效的沟通，赢得他们的欣赏。

原则一：认真仔细聆听

认真聆听是与领导沟通的重要技巧之一。当与领导交流时，要确保你真正理解他们的观点和需求。通过倾听，你可以更好地理解他们的期望，并给予有针对性地回应。

原则二：表示感谢和赞美

表达感谢和赞美是增进关系、促成合作的好方法。当领导给予你指导或支持时，不吝于表达真诚的谢意，让他们感到你的重视和认可。

原则三：积极接受反馈

与领导交流的过程中，可能会收到一些反馈或建议。要积极接受这些反馈，并将其作为改进的机会。

原则四：有针对性地提问

在与领导交流时，提问是一个非常重要的技巧。通过提问，你可以更深入地了解领导的意图和目标。此外，提问还可以帮助你澄清模糊的信息或者解决不确定的问题。

原则五：保持礼貌和尊重

在与领导进行对话时，始终保持尊重和敬意。用友善、礼貌和尊重的方式表达自己的意见，建立起双向的尊重和信任。

原则六：清晰明确地表达观点

当与领导交流时，要用简洁明了的语言表达自己的观点，并提供合理的建议。

原则七：及时主动反馈

领导需要了解你的工作进展，主动向他们提供关于工作进展、问题和挑战的反馈，与他们保持良好的沟通，以促进共同发展。

原则八：接受批评和建议

面对领导的批评和建议，要展示出开放和乐于改进的态度，接受来自领导的建议，并展示出你愿意学习和发展的决心和努力。

原则九：自我反省和成长

诚实地对待自己的失误和挑战，寻找改进的机会，并向领导展示你的个人成长过程。

原则十：以解决问题为导向

遇到问题时，要以解决问题为导向，而不是抱怨或指责。要提供解决问题的建议和方案，并与领导一起找到最佳的解决方案。

总之，跟领导沟通是一门艺术。掌握这门艺术不仅能提升自己在工作中的表现，还对个人职业发展有所帮助。因此，我们应当不断学习和实践，提高自己回话的水平。

01 当领导用微信安排工作任务时

😐 一般的想法

○收到。

🙂 高手的思路

○领导，我收到您安排的工作任务了，请问这个任务的截止日期是什么时候？

○领导，我明白您的要求了，我会全力以赴完成这个任务，保证质量并按期交付。

○领导，根据以往的经验，我认为在执行这个任务时需要注意以下几点……您看这样可以吗？

02 当领导在同事面前夸你能干时

😐 一般的想法

○谢谢领导夸奖，都是您带得好。

🙂 高手的思路

○强将手下无弱兵嘛，我怎么能给您丢脸呢？

○多谢领导夸奖，其实这与大家的共同努力是分不开的，我们是一个团结的大家庭。

○火车跑得快，全靠车头带，有您这么优秀的领导带头，我一定会加倍努力的。

03 当领导对你说"辛苦了"时

😐 一般的想法

○没事，不辛苦。

🙂 高手的思路

○这都是我应该做的，谢谢领导的关心。

○感谢您的关心，我在工作中得到了很多成长和学习的机会。如果有任何不足之处，请随时指出，我会努力改进。

04 当领导因你工作失误批评你时

☹ 一般的想法

○对不起,我下次一定注意。

☺ 高手的思路

○您说得太对了,都怪我……

○对不起,我不该这么粗心,我愿意承担这次失误造成的损失。

05 当领导指导你工作时

☹ 一般的想法

○嗯,好的。

☺ 高手的思路

○领导,您说得太好了,听您这么一说,我心中立马有数了,您放心,我一定把您的指示落实到位。

○感谢领导的指导和帮助,我一定会在下面的工作中发挥自己最大的工作热情,努力做好本职工作!

○在以后的工作中,我将更加努力,勤奋敬业,并且虚心接受同事们对自己的建议,在今后的工作中,希望能够取得一个更大的进步。

06 当领导询问你的工作进展时

☺ 一般的想法

○我还在做，目前还没做完。

☺ 高手的思路

○领导，我正在专注于编写××项目的复盘文档，目前正在处理××部分，您有什么指示吗？

07 当领导询问你的意见时

☺ 一般的想法

○我没有意见。

☺ 高手的思路

○领导，您的指示已经非常全面地覆盖了所有的问题，我没有什么需要补充的。我会立即去执行，如果有任何问题，我会及时向您反馈。

○您的建议真的很有见地，不过我有一个小小的想法，不知道是否可行。

08 当领导给你安排的任务难以完成时

☹ 一般的想法

○我做不了。

☺ 高手的思路

○非常感谢您对我的信任,虽然这个任务对我来说有些挑战,但我会尽力去完成它。如果遇到困难,我会及时向您请教。

○领导,我一个人的能力无法完成这个任务,如果能让小刘协助我会事半功倍。

09 当领导让你评价同事时

☹ 一般的想法

○我也不是很了解他。

☺ 高手的思路

○我跟他除了工作上的接触外,交流不是很多。如果您有什么需要,我平时会多留意一下的。

10 当领导跟你说"谢谢"时

😐 一般的想法

○不客气。

😊 高手的思路

○这是我应该做的，感谢您给我这个机会参与到这么重要的工作中来。如果我有任何不足之处或者问题，您随时指正。

○非常感谢您对我的支持和认可。在今后的工作中，我将倍加珍惜这份信任并努力工作，回报您的信任与期望。

11 当领导突然问"你有空吗"时

😐 一般的想法

○有点儿忙，没时间。

😊 高手的思路

○领导，您找我是有什么事吗？我现在就去您的办公室。

○领导，我手头上正在忙一个文案，时间挺紧的。但如果您这边有比较着急的工作要完成，我会先抽出时间把您交代的工作先完成。谢谢领导给我这个机会。

12 当领导冤枉你后说"刚刚语气有点重"时

😐 一般的想法

○是的,这的确不是我的错。

😊 高手的思路

○谢谢领导的理解,我知道您是对事不对人,我们都是为了公司好,我理解您的立场,我也在反思,在工作协调上做得也不到位,我会更加努力的。

○谢谢领导的理解,我确实有疏忽,工作做得不到位,感谢您指出来,我及时自检自查,发现还有很多能改进的地方。

○领导,您每天要处理那么多事,难免有兼顾不到的细节,完全能理解。其实被您说几句我反而更警醒了,以后做事会更注意提前梳理清楚关键信息,省得再让您费心。咱们赶紧看下一步怎么推进吧。

这样回复客户，没有做不成的业务

好的口才能够充分展示一个销售人员的个人魅力，还能给客户带来愉悦的感受。

销售人员不仅沟通需要技巧，回答顾客的问题也要讲究策略。下面介绍几种回答问题的方法。

方法一："是……但是"法

一方面，推销员表示同意顾客的意见；另一方面，解释了顾客产生意见的原因及指出了顾客看法的方向性。由于大多顾客在提出对商品的看法时，都是从自己的主观感受出发的，也就是说，都是带有一种情绪的，而这种方法可以稳定顾客的情绪。当顾客对商品产生了误解时，这种方法是有效的。

方法二：直接否定法

当顾客的问题来自不真实的信息或误解时，可以使用直接否定法。但是，这种方法只有在适当的时候才可以使用。

方法三：高视角、全方位法

顾客可能提出商品某个方面的缺点，销售人员可以强调商品的突出优点,以弱化顾客提出的缺点。当顾客提出的问题基于事实依据时,可以采取此法。

方法四:介绍第三者体会法

这种方法是利用使用过商品的顾客给商家反馈的肯定、感谢来说服顾客的一种方法。一般说来,人们都愿意听取旁观者的意见。所以,那些感谢信或褒扬商品的反馈等,是推销商品的良好示范。

01 当客户说"太贵了"时

🙁 一般的想法

○您不能只看价格,一分钱一分货!

🙂 高手的思路

○不要看贵不贵,而是要看对不对,适合您的贵也不是贵,不合适您的,不贵也贵。

○对于很多顾客都说贵,但是最终还是选择了贵的给自己,投资才是最智慧的选择。

○我给您的价格已经是最优惠的了,如何还想价格更低,我们有一个奖励计划,买得越多价格越优惠,如果您感兴趣,我可以进一步给您介绍。

02 当客户说"再考虑一下"时

一般的想法

○好吧,那您先忙,等您考虑好了我们再联系。

高手的思路

○您说得非常有道理。如果我是您,我也需要花时间来考虑一下。接下来,我是需要继续跟进您的情况,还是您现在就可以做决定了呢?

○其实在我看来,您的这个决定有些草率,我可以向您说说我的看法吗?就占用您几分钟时间可以吗?

○理解您需要再考虑,毕竟选产品是件认真的事。其实很多客户也会这样,主要是担心适配性对吗?如果您有具体想再确认的点,我现在给您详细讲讲,省得您多费心思,您看方便吗?

○好的,您考虑的时候可以重点想想我们课程的核心价值点,比如"分层教学"模式,这也是很多家长最终选择我们的主要原因。如果您有哪些不清楚的地方,可以随时联系我,我随时在。

03 当客户问"最低价是多少"时

😐 一般的想法

○我们一般都是原价,有活动的时候也有优惠。

😊 高手的思路

○您好,价钱不是主要问题,首先我们不是应该先了解一下产品吗？我也不会耽误您多长时间,也就三两分钟,您说您要是不了解产品,就图个便宜买回去用不了,来回跑不是还浪费您的时间吗？

○ 您如果买得比较多的话,也会有优惠,不过这些都需要向我们领导申请才行,您的意思是,解决了价格问题之后,就可以购买,是吗？

○非常感谢您对我们产品的认可,价格是我们都很关注的问题,同时我觉得我们买东西主要是看它适不适合,能不能帮助到我们,对吗？ 如果这个产品没有效果,那么我相信,即使是免费的,您都不会要,对吧？

04 当客户说"别再给我打电话了"时

😐 一般的想法

○不好意思,打扰您了。

○不好意思,也许我选了一个不恰当的时间,我希望找一个您比较方便的时间再联系您,请问您明天有空,还是后天有空?

○我知道您很反感,我表示理解。我给您打电话不是非要现在就合作,只是希望您给我一个认识您的机会,不管买不买,您都可以向我咨询的。

○好的,我明白您的意思了,确实不该反复打扰,是我的问题。您放心,我不会再给您打电话了。您有需要的话随时喊我,给您造成困扰真的非常抱歉。祝您生活愉快。

05 当客户说"回去跟家里人商量一下"时

😐 **一般的想法**

○好的,那您商量完再跟我联系吧!

😊 **高手的思路**

○我十分理解您的想法,毕竟我们产品价格不算便宜,您和家人商量一下也是应该的。

○看来您也是一个尊重家人的人,有事都想和家人商量一下,这也说明您对这个产品感兴趣,对吧?

○这次的优惠活动机会也很难得,这样吧,明天上午 9点我给您打个电话,再确定一下,您看可以吗?

06 当你无法满足客户的要求时

😐 **一般的想法**

○对不起,我没有这个权限,帮不了您。

😊 **高手的思路**

○我很遗憾,我不能答应您的这个要求,但我会尽我最大的努力提供其他方面的帮助。

○虽然您的要求超出了我的能力范围,但我会尽量想办法帮您解决,我马上把您的要求反馈给公司领导,请您耐心等待。

○您提出的这个定制需求确实很有想法,但目前我们的技术暂时达不到这种效果,要是勉强答应,最后达不到您的预期,反而辜负了您的信任。其实咱们的核心目标都是做出让您满意的结果,要不我们换个思路?比如用现有的技术实现类似的效果,我让技术同事出两个替代方案给您选,您看怎么样?

07 当客户说"谢谢"时

一般的想法

○您不用客气。

高手的思路

○您别跟我客气了，虽然我做的是销售，但是，我交的也是朋友，真诚地感谢您的信任呢！如果您身边的朋友也有相关需求，可以推荐给我。非常感谢。

○您真的太客气了，像您这么大气又爽快的人真的很少见，您放心，以后有什么需要您跟我说，随叫随到。

○您太客气了，这一次服务，真的只是一个开始，我对您的服务永无止境，期待下一次跟您的愉快合作。

08 当客户对品牌质疑时

一般的想法

○没有啊，我们品牌或产品在行业很知名。

高手的思路

○品牌很重要，但产品的质量和服务更重要。

○确实，我们品牌知名度不是很高，因为我们是初创企业，我们把绝大多数费用都投入产品研发上了，我们认为只有先做好产品才能走得长远，我们产品在质量方面是非常有优势的。

○您有这样的顾虑完全能理解，毕竟选品牌就是图安心。咱们品牌在这方面（客户质疑的方面），其实一直有明确的数据标准，可能之前信息没传到位让您产生了疑问。要不我给您看一些第三方评测或者老客户的真实评价？这样您能更直观地对我们品牌进行了解。

09 当无法打折，客户不满意时

☹ 一般的想法

○那您自己考虑吧，这个价格确实已经很便宜了。

☺ 高手的思路

○是的，我能理解您的心情，如果我是您，同时买三件商品我也会希望商家给我打折。不过话又说回来，一件商品要能做到材质这么好并且款式客户又喜欢，确实不容易，您说是不是？

○真是太遗憾了，因为这几件商品都特别适合您，少了哪一件都可惜。这样吧，我尽力帮您申请看看，您稍等。

○实在非常抱歉，价格上我们确实没有办法了，不过我们老板决定送您一个赠品，算是感谢您对我们店的支持，一份心意，请您收下！

10 当客户下单后犹豫要不要付款时

😐 一般的想法

○您好，不要犹豫了，尽快付款吧。

😊 高手的思路

○您下单后还没付款，是遇到什么问题了吗？有什么问题可以和我说，非常愿意为您效劳！

○您好，下午3点前付款的订单，可享受优先发货，付款后订单即可进入发货流程，当天完成发货。

○您好，我们是下午5点发货哦，晚了可能就要拖到明天发货了哦。

○您好，看到您这边没有支付，我们这边是7天无理由退换的，还帮您购买了运费险，如果收到货后您不满意也没有后顾之忧。

面试官的话一定要谨慎回答

在面试时,应聘者的回答技巧对于成功获得职位至关重要。以下是一些回答技巧。

技巧一：把握重点，简单明了

一般情况下回答问题要结论在先,议论在后,先将自己的中心思想表达清晰,再进行叙述和论证。

技巧二：讲清原委，避免抽象

面试官提问是想了解应试者的具体情况,切不可简单地以"是"和"否"作答。应针对所提问题的不同,解释原因或说明程度。

技巧三：确认提问内容，切忌答非所问

面试中,如果对面试官提出的问题,一时摸不到边际,以致不知从何答起或难以理解对方问题的含义时,可先将问题复述一遍,并谈自己对这一问题的理解,请教对方以确认内容。对不太明确的问题,一定要搞清楚,这样才会有的放矢。

技巧四：有个人见解，有个人特色

面试官有时会接待若干名应试者，相同的问题问若干遍，类似的回答也要听若干遍。因此，面试官会有乏味、枯燥之感。只有具有独到的个人见解和个人特色的回答，才会引起面试官的兴趣和注意。

技巧五：知之为知之，不知为不知

面试中遇到自己不懂的问题时，回避闪烁、默不作声、牵强附会、不懂装懂的做法均不可取，诚恳坦率地承认自己的不足之处，反倒会赢得面试官的信任和好感。

通过这些技巧，应聘者可以在面试中更有效地展示自己的能力和适合职位的理由。

01 当面试官夸奖你名字好听时

☺ 一般的想法

○谢谢！

☺ 高手的思路

○谢谢！这个名字比较符合我的性格，"雨"是比较温柔的，"晴"是比较热烈的。因此，我觉得我的个性既有温柔的一面，也有比较热烈的一面。

○谢谢！我妈妈跟我说，她年轻的时候比较喜欢文学，总是想追求一种阳春白雪的感觉,于是就给我起了"雨晴"这个名字。

02 当面试官问你个人的最大优点时

☹ 一般的想法

○我特别守时,工作以来,我一次也没有迟到过。

☺ 高手的思路

○我能够坚持不懈,做事情没有达到预期,绝对不会放弃。

○首先,我有着多年相关的工作经验,熟练掌握了相关技能,这些都与岗位需求一致。其次,我的沟通能力被广泛认可,通过良好的沟通能力在之前的工作中顺利得到了各部门的支持与配合。现在这个岗位也需要协调各个部门,相信我的这项优势对之后的工作有比较大的帮助。

03 当面试官问你为何离开之前的公司时

☹ 一般的想法

○加薪的结果让我特别失望,完全与我的付出不成正比。

☺ 高手的思路

○我认为我已经具备了一定的能力积累,具备了该岗位更高的职业素养和工作能力，可以迈向一个更高的台阶，寻求更大的发展空间。

○因为公司整体业务结构调整，取消掉了整个部门的人员结构，领导安排我去别的岗位，但这并不符合我的职业发展，我更希望我能在这个岗位上深耕。

04 当面试官问你求职最主要的考虑因素时

😐 一般的想法

○工资待遇。

😊 高手的思路

○公司的发展前景及产品竞争力。

○公司对于员工生涯规划的重视及人性化的管理。

○合理的工资待遇及领导者的管理风格。

05 当面试官问"你为什么想加入我们公司"时

😐 一般的想法

○感觉贵公司规模很大。

😊 高手的思路

○我深切认同贵公司的企业文化，这与我的个人价值观不谋而合。我坚信这种企业文化能够为我提供一个成长的土壤,使我在公司中获得更大的发展。

○我对所申请的职位充满热情,我深信我的技能和经验能够与职位要求相契合。我期待用我的能力为公司创造价值。

06 当面试官问你对所应聘职位是否了解时

😐 一般的想法

○不是特别清楚,能否请您做些介绍。

😊 高手的思路

○贵公司连续三年被××杂志评为"求职者最希望进入的企业"的首名。

○贵公司有意更改策略,加大与国外大厂的合作,将自有品牌的部分产品授权海外经销商销售。

07 当面试官问你对工资的期望值时

😐 一般的想法

○我主要是来学习,薪资多点儿少点儿都可以。

😊 高手的思路

○因为我也是刚毕业,对于现在的我来说,薪资并不是最重要的,而应夯实基础,提升自己的能力。我相信贵公司也有完善的薪酬体系,我愿意遵循公司的标准,希望与公司共同成长,做出更大贡献。

○根据市场价格和贵公司的薪酬结构,我相信贵公司应该可以给我一个合理的薪酬。当然我很看重贵公司的发展前景,这份工作也与我的职业规划一致,我由衷希望可以成为贵公司的一员,与公司共同进步。

08 当面试官问你如何看待加班时

😐 一般的想法

○我不太喜欢加班。

😊 高手的思路

○我之前的工作经常加班,工作压力也很大,已经比较习惯了,加班没有问题。但是为了加班而加班,我不太能接受,还是希望可以让工作更有效率一些。

○工作中难免会出现各种各样的突发状况,我可以接受突发临时性的加班,以确保项目或者工作的顺利推进。

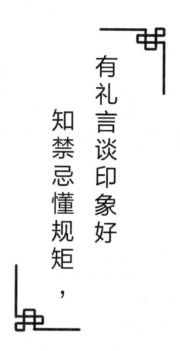

第2章

有礼言谈印象好，知禁忌懂规矩

在人际交往的每个场景中，"礼"都是打开信任之门的钥匙。言谈间的分寸把握、行为上的规范恪守，不仅体现个人修养，更直接影响他人对你的印象。懂得避开交流禁忌，遵循场合规矩，从社交聚餐到商务洽谈，有礼有节的表达既能传递尊重，更能为自己赢得他人的好感与认可。

以礼待人，在社交中绽放优雅风度

孔子曰："不学礼，无以立。"就是说，一个人如果不学习礼仪，不懂得礼仪，就很难在社会上占有一席之地，更谈不上获得成功了。

社交与礼仪对每个人来说都很重要，二者相辅相成，这是人际交往与沟通的必要组成部分。讲究礼仪也是社会进步的重要标志。

谁都想在人际交往中展现风采。其实这并不难，只要你留心自己的一言一行，时时处处尊重他人，理解他人，言谈举止诚恳谦和，待人接物大方得体，在交际中就会塑造出良好的形象。

要想获得成功，应该从生活中的小事做起。说一句简单的"谢谢"，对任何一位服务员都给予友好的称赞；由于你给他人带来了不便和打扰，真诚地说一声"对不起"；设身处地站在别人的立场来看待问题，考虑别人的感受；耐心倾听别人的谈话，对其谈话内容表现出兴趣，这些都是我们通常所说的礼貌，都是我们应该做到的。

生活中的礼仪细节并非人人都精通,但只要我们把礼仪的基本内容铭记于心,在社交场合,娴熟运用,就可以很好地提升个人的魅力。

01 当与人见面打招呼时

😐 一般的想法

○直接叫对方的名字。

😊 高手的思路

○把对方的完整称呼,认真、清楚、缓慢地讲出来,以显示对对方的尊重。

○亲属之间,依照关系的密切程度,按照亲属的性别、年龄、身份等来确定称呼,在正规场合,称呼熟人的职务、职业。

○陌生人之间的称呼,根据人的具体年龄、性别、职位称其为"先生"或"女士"等。

02 当初次见面进行自我介绍时

😐 一般的想法

○无论什么场合都用同一种自我介绍方式。

○工作式的自我介绍的内容，应当包括本人姓名、供职的单位及部门、担任的职务或从事的具体工作，三项缺一不可。

○交流式的自我介绍的内容，应当包括自我介绍者的姓名、工作、籍贯、学历、兴趣、与交往对象的某些熟人的关系等。但有些时候不一定非要面面俱到，而应按具体情况而定。

○礼仪式的自我介绍的内容包含自我介绍者的姓名、单位、职务等，还应多加入一些适当的谦辞、敬语，以表示自己真诚交往的态度。

◈03 当你拜访他人时

☹ 一般的想法

○没有预约，随意进行拜访。

☺ 高手的思路

○在约定拜访时，一定要在双方都认可的前提下，协商议定到访的具体时间与停留的具体时间，对主人所提出的具体时间，应予以优先考虑。如："李老师，孩子们最近特别期待去您家听您讲航海故事。不知道您什么时候方便？

您觉得周末上午,还是工作日晚上更合适？我们听您的时间安排。非常感谢!"主动询问,尊重对方安排。

○在预约拜访时,宾主双方均应事先向对方通报届时到场的具体人数及其各自的身份。在公务拜访中,这一点尤其重要。

○约定拜访时间之后,作为拜访者应履约如期而至,不要早到,让人措手不及;也不要迟到,让人久等;更不要轻易更改时间,万一有特殊原因,需推迟或取消拜访,应当尽快打电话通知对方。

04 当你给别人送礼品时

一般的想法

○精心挑选,礼品包装精美。

高手的思路

○考虑接受礼品者的兴趣、爱好。挑选礼品时,考虑礼品的实用性、纪念性、时尚性等因素,让受礼者既感到能满足其某种实际需要,具有一定实用价值,同时又有着特殊的纪念意义。如:"张叔叔,这盒茶叶是我专门托朋友从产地带回来的。知道您平时爱喝茶,就想着一定要送给您品尝一下。您也多提提意见。"

○在选择礼品的包装时,应注意美观和格调,同时应注意将写有价格的标签事先撕去。如:"兄弟,上次听你说喜欢这款耳机,前两天我好不容易抢到,咱俩一人一副!"用轻松口吻,拉近关系。

○当面赠送礼品,对礼品做热情、简短的介绍,表明送礼的原因及态度。如赠送生日礼品,可向对方说声:"祝你生日快乐!"再郑重地送上礼品。

你的教养，藏在言谈举止里

举止是一个人自身修养在生活中的反映，是体现一个人内涵的一面镜子。没有优雅的举止，就没有优雅的风度。在做事过程中，优雅的举止、高雅的谈吐等内在涵养的表现，会给人留下更为良好而深刻的印象。

有"礼"走遍天下，无"礼"寸步难行，个人礼仪将直接影响一个人的受欢迎程度，所以得体的举止是众多礼仪中比较重要的一部分。

举止礼仪并不是个别人规定出来的，而是大多数人经过实践并被充分认可的。所以，如果你举止不得体，别人就会认为你对周围人以及交往对象不尊重。

01 当面向对方时

😐 一般的想法

○面带微笑，注视对方。

😊 高手的思路

○在与人交谈时，目光应该注视着对方，范围控制在上至对方额头,下至对方衬衣的第二粒纽扣,左右以两肩为准的方框中。

○当被介绍与人认识时,眼睛要看着对方脸部。有求于对方或者等待对方回答时,眼睛略朝下看,以示谦恭和恳请。

02 当需要就座时

☺ 一般的想法

○选好位置,直接坐下。

☺ 高手的思路

○走到座位前,轻稳坐下,双脚并齐,坐在椅上,上体自然挺直,头正,表情自然亲切,目光柔和平视,两肩平正放松,两臂自然弯曲放在膝上,也可以放在椅子或沙发扶手上。

○王总,您先请坐。您对这次议题的见解一定很关键,我坐在旁边好好向您学习!

○各位领导先入座,我坐在末席方便随时记录大家的想法。

○李老师,这个位置更安静舒适,您坐这儿,我坐对面听您指教。

03 当在公共场所时

😐 一般的想法

○遵守公德,注意法纪。

☺ 高手的思路

○在不同的公共场所,应注意自己的衣着是否得体。着装应视场合、季节、对象的情况而定。即使天气炎热,也不应袒胸露背。遇到老人、孕妇、带小孩的人、残疾人等体弱不便的人,应主动让路、让座,切忌利用他们的弱点,抢座、占道。

○请求他人帮助时。"不好意思打扰一下!我一个人搬行李实在有点吃力,您要是方便的话,能不能帮我搭把手?真的太感谢了!"

○提醒不文明行为时。"您好,可能您没注意到,这是贴着禁止吸烟的标识,咱们在公共场所还是尽量保持空气清新,辛苦您啦!"

有"礼"畅行职场，无"礼"处处碰壁

事业成功与否，与你在职场中的礼仪修养表现有很大的关系。礼仪得体，它可以助你一臂之力，成为你的"阶梯"或"助推器"；若你不拘小节，你的失礼表现也可能成为你最大的"拦路虎"和"绊脚石"。

01 当面试中需要进行自我介绍时

😐 一般的想法

○见到面试官就开始自我介绍，讲起来没完，而且一直说不到点子上。

😊 高手的思路

○进行介绍前，先对面试官打个招呼，道声谢，如："××经理，您好，谢谢您给我这么好的机会。现在，我向您做个简单的自我介绍。"介绍完毕后，向面试官道谢，并向在场面试人员表示谢意。

○简单介绍姓名、年龄、学历、性格、特长、爱好等，重点介绍个人的工作能力和工作经验。

02 当走入面试官办公室时

一般的想法

○进入办公室后直接坐下。

高手的思路

○先敲门再进入,经面试官允许后,再就座。如果有指定座位,则坐到指定座位;若无指定位置,可以选择面试官对面的座位坐定,这样方便与面试官面对面交谈。

○落座后,上身要保持直立状态,既不前倾,也不后仰。双手自然下垂,肩部放松,五指并拢。

03 当面试中进行交谈时

一般的想法

○非常紧张,问什么答什么。

高手的思路

○礼貌地正视对方,但应避免长时间凝视对方,否则易给人咄咄逼人之感。

○目光可三秒钟移动一下,注视的部位最好是面试官的鼻眼三角区,目光平和,眼神不要飘忽不定。

○说话时手势宜少不宜多,过多易失涵养。

04 当与同事聊天时

一般的想法

○想到什么就聊什么。

高手的思路

○语言高雅，不讲粗话和脏话。

○多用敬语，尊重每一个人。

○谦虚一点儿，给大家留下一个好印象。

05 当同事之间相处时

一般的想法

○跟关系好的同事走得很近，与别人基本不联系。

高手的思路

○对同事的困难主动问询，为同事提供力所能及的帮助，这样会增进双方之间的感情，使彼此关系更加融洽。

○不要总是和同一个人说悄悄话，也不要总是和同一个人进进出出。

06 当跟领导汇报工作时

☹ 一般的想法

○领导刚进办公室，马上去汇报工作。

☺ 高手的思路

○到领导的办公室汇报工作，要先敲门，听到招呼后再进去。

○在汇报工作时，要把握好音量。音量太大，会缺乏交流思想的气氛，让领导感到不舒服。音量太低，则容易被认为汇报者心理恐惧、胆怯。

07 当与领导相处时

☹ 一般的想法

○把领导当朋友一样相处。

☺ 高手的思路

○在领导面前，应有谦虚的态度，不能顶撞领导，特别是在公开场合，即使与领导的意见相左，也应在私下与领导沟通。

○与领导握手时，不要迅速将手抽出来，也不能过于用力，而要让对方掌握时间和力度。

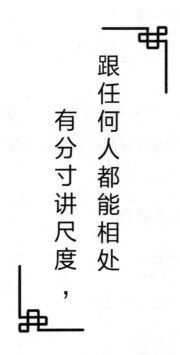

第3章

跟任何人都能相处，有分寸讲尺度，

孔子曰："七十而从心所欲，不逾矩。"这里的"矩"，就是指分寸。为人处世，重要的是要讲尺度，懂分寸，才能有进有退。人生需有尺，做事需有度。做事做到恰到好处，不偏不倚才是人生的高境界。掌握人生分寸，就等于掌握了自己的命运。

不同的人用不同的赞美方式

　　赞美是一种有效的交往技巧,赞美别人,就像用一支火把照亮别人的生活,也照亮自己的心田,能有效地缩短人与人之间的心理距离。赞美是一件好事,但绝不是一件易事。赞美别人时如不审时度势,不掌握一定的技巧,即使你是真诚的,也可能将好事变为坏事。

　　善于表达赞美的人往往更受欢迎,办事也会更加顺利。当一个人听到别人的赞美时,心里会非常高兴,脸上堆满笑容,口里连说:"哪里,我没那么好,你真是很会讲话!"即使事后回想,明知对方所讲的可能是恭维话,却还是没法抹去心中的那份喜悦。

　　赞美别人,不能只是花言巧语、甜言蜜语,而是要根据对方的文化修养、个性性格、心理需求、所处背景、角色关系、语言习惯乃至职业特点、性别年龄、个人经历等不同因素,恰如其分地表扬或称赞对方。

　　赞美要因人而异,必须考虑以下几点因素。

因素一：听者的个性性格

如果对方性格外向,透明度高,可以多赞美他,他会很自然地接受;如果对方比较内向、敏感、较严肃,你过多地赞美他,会使其认为你很轻浮、浅薄。因此,在赞美对方时要注意这一点。

因素二：听者的心理特点和情感需求

交谈双方各有期待,要迎合对方的需求讲赞美的话。一个个性鲜明、男孩子气十足的女子,你夸她如果长发披肩、长裙摇曳,定会婀娜多姿、美丽迷人,她也许不会感激你,还有可能说你多管闲事。如果了解她的心理,夸她短发看起来又精神又有活力,她一定会开心。

因素三：听者的性别特征

与不同性别的人讲话,应选择不同的方式。对体形偏胖的女子,你可以夸她一点儿都不胖,只是丰满,她会得到几分心理安慰,不会因为自己胖而自卑。

因素四：听者的心境特征

俗话说:"入门休问枯荣事,观看容颜便得知。"在赞美别人时,要学会察言观色。一个为事业废寝忘食的年轻人,你可以夸他"以事业为重,有上进心";一个为了债务焦头烂额,心绪不宁的企业家,你如果夸他"事业有成,春风得意",对方也许会认为你是在讲"风凉话",会起到适得其反的效果。

01 当赞美女人漂亮时

😐 一般的想法

○你太漂亮了。

😊 高手的思路

○世界上最好看的人在我眼睛里,不信你看!

○我从来都不骗人,如果我骗你了,那骗的也是仙女。

○以前不相信有人会为了美人放弃江山,看到你,我瞬间懂了。

○上天太偏心了!为什么要把所有的优点都集中在你一个人身上?

02 当夸别人唱歌好听时

😐 一般的想法

○你唱歌真好听。

😊 高手的思路

○你的歌声真好听,就像百灵鸟那么清脆婉转,让人沉醉其中。

○你唱歌的时候,空气都像被施了魔法,连窗外的蝉鸣都停下来当和声了!

03 当夸一个人舞蹈跳得好时

😐 一般的想法

○你跳舞的时候简直太美了。

😊 高手的思路

○你跳舞的时候,就像一只小天鹅。

○你的舞姿是那样的轻盈优雅,像一阵春风拂过我的心间。

○你跳舞时,就像一只美丽的红色蝴蝶在花中翩翩起舞。

04 当赞美别人字写得好看时

😐 一般的想法

○你的字写得真是漂亮!

😊 高手的思路

○你的字迹非常有个性,每个字都展现着你独特的风采,简直就像艺术品一样!

○你的字体看起来非常流畅和舒展,每个字的笔画都恰到好处,看起来非常优雅。

○你的字迹非常工整,每个字都散发着一种秩序感和和谐感,让人看了很舒服。

05 当赞美领导时

😐 一般的想法

○您的领导有方,让我们钦佩。

😊 高手的思路

○您的领导才能和智慧非常出色,我们非常钦佩您的能力。感谢您对我们的信任和支持,让我们能够更加努力工作,取得更好的成绩。

○您的领导才能非常出色,您的洞察力和创新思维令人敬仰,您是我们的榜样,引领我们不断向前。

○您总是能够以清晰的思路和出色的领导能力,带领我们克服各种困难,取得成功。我们对您充满信心和敬意。

○领导,您用您丰富的经验和超凡的才能,为我们的团队带来了稳定和谐的工作环境,让我们能够全身心地投入工作中。

○您不仅是一位出色的领导者,更是一个非常有涵养的人。您的举止、言辞总是那么亲切、有内涵。

○您的领导才能真正令人钦佩,您以远见卓识引领我们走向成功,您的智慧和决策力使我们取得了前所未有的成就。

06 当赞美别人会说话时

☺ 一般的想法

○你的嘴巴真厉害,把各方面照顾得很好。

☺ 高手的思路

○你的口才真是了得啊！观点清晰又独到,简直是语言艺术家。

○你的口才真是好得没法形容,简直可以说是妙语连珠。

○你的口才真好,出口成章、对答如流。

○你的口才真厉害,能把天下事说得那么透彻。

07 当赞美别人家孩子时

☺ 一般的想法

○您的孩子真是个好孩子,真让人羡慕。

☺ 高手的思路

○这孩子真让人感到惊艳！聪明、努力、有礼貌,我相信他/她将来一定会有一番作为。

○我很佩服您家的孩子,这么小就这么独立,而且自信又勤奋。

○您的孩子真有礼貌,见到我会主动问好,让人感觉很温暖。

○这孩子不仅长相出众,而且才干也相当了得,真是一个难得的人才!

08 当赞美别人家房子时

😐 一般的想法

○我喜欢您的房子,不仅宽敞明亮,还非常整洁干净。

😊 高手的思路

○您的房子真漂亮,外观别致,内部装修也非常讲究。

○您的房子真是元气满满,搭配色调和装修风格都非常有个性。

○您的房子可以让人感受到主人的品位和生活品质,从家具到饰品都非常精致。

○您的房子真是一个让人瞬间有家的感觉的地方,很温馨,很有温度。

09 当夸赞别人车技好时

☺ 一般的想法

○您的驾驶技术真好。

☺ 高手的思路

○你的驾驶技术真是高超，让人佩服不已！

○你开车时的每一次转向都精准流畅，遇到复杂路况也能从容应对，这份沉稳和技术真让人佩服！

○坐在车上完全感觉不到颠簸，加速减速都平顺自然，这行云流水般的车技，绝对是"老司机"级别！

○窄路会车、车位倒库对你来说好像都小菜一碟，操作又快又稳，车就像被你"驯服"了一样听话！

○连堵车路段都能被你开出节奏感，路线规划合理又高效，这驾驶水平真的是教科书级别！

○无论是雨天湿滑路面，还是夜间视线不好的情况，你都能稳稳掌控，车技扎实又靠谱，太厉害了！

幽默有道，尽显沟通智慧

在气氛沉闷的场合中，人们互相戒备，这时候一句逗得大家开心一笑的诙谐话语，往往能打破彼此之间的隔阂，让人心情愉快地进行交流。掌握了幽默这个"武器"的人，肯定是一个受欢迎的人。

一个诙谐幽默的人，一定有着丰富的知识和生活经历，他能感染周围的人，能缓解尴尬的局面，也能应对复杂的局面。幽默的人知识面广，不单调乏味，有深厚的生活经验，而不是简单的玩弄词汇。

生活中的幽默无处不在，只要你多观察生活，多感受生活，多借鉴他人好的经验，并善于总结自己的经验教训，就能提升你的幽默感。那么，幽默的人应具有哪些特质呢？

特质一：健康高尚的情操，豁达的心态

幽默口才属于生活中的强者，属于乐观向上的人。要想用自己智慧的火花去照亮别人，首先要让自己的心灵充满阳光。"君子坦荡荡，小人长戚戚。"一个满脑子小算盘、心胸狭窄的人是不可能有幽默口才的。

特质二：良好的文化素养

幽默的口才需要有丰富的学识做支撑。只有知识丰富，眼界开阔，对社会、人生有较深的认识与感悟，才有可能会闪现出思想的火花。幽默者的谈吐中既会有一定的哲理，又蕴藏着丰富的信息。更重要的是，幽默者拥有渊博的知识，用文化知识武装起来的头脑会给谈吐提供源源不断的新燃料。只有拥有慧心，才有可能拥有秀口。头脑中储存下大量的知识，才有可能在需要的时候召之即来、派上用场。

特质三：目光敏锐、善于联想

幽默口才尤其需要创造性的思维能力，需要独到的见解和立体发散的思维品质。

特质四：善于自嘲

每个人在潜意识里都有一种优越感，在幽默者适度的自嘲中，人们感受到的是自己心里那隐隐的优越感。因此，不用担心自嘲会让别人知道你的短处，或是引来鄙夷的目光。他们会为你的勇敢和风趣而折腰，因为你不怕暴露自己，所以他们会解除对你的防范，把你当成自己的朋友。善于自嘲的人实际上是一种非常自信、非常明智的人。

特质五：懂得适可而止

虽然幽默的口才受人欢迎，但幽默也要有度，要适可而止，千万不能兴之所至便到处信口开河。没有节制的幽默是非常危险的，它可能会伤害别人，也可能会损害你在别人心中的形象。

01 当跟领导幽默一下时

☹ 一般的想法

○领导，您不介意我跟您开个玩笑吧？

☺ 高手的思路

○领导，您知道吗？您就像一部电影的主角，永远都是那么有激情、有魅力。我们就像您的粉丝一样，时刻都在关注着您的一举一动。

○领导，您真是太厉害了，您的大脑像一台超级计算机一样运转，而我们就像里面的程序一样为您服务。

○领导，您就像一个魔法师，把我们的工作变得轻松愉快。只要有您在，我们就能轻松应对，无所不能。

02 当别人说"很高兴认识你"时

☺ 一般的想法

○能认识您，我也很高兴。

☺ 高手的思路

○放心，我会让您一直高兴下去的。

03 当有人问"在吗"时

☺ 一般的想法

○您好，我在。

☺ 高手的思路

○永远为您"在线"！

04 当客户不回你信息时

☺ 一般的想法

○怎么一直不回消息？

☺ 高手的思路

○哥，今天的我你爱答不理，明天的我还来找你。

05 当客户说"我们已经有供应商了"时

○没关系，希望我们以后有机会合作。

○完全理解！稳定的合作确实很重要。我们公司深耕行业××年，在产品定制、交付时效、售后服务等具体优势上积累了不少经验，像××公司、××品牌都是我们的长期伙伴。后续如果有任何新需求或想多了解行业动态，欢迎随时联系我，就当多交个朋友。

○太棒了！能找到合适的伙伴说明您眼光很专业！冒昧问一下，目前合作过程中，是否有遇到交付周期紧张、成本优化或新产品开发等方面的挑战？我们的具体解决方案或许能提供一些新思路。

○原来咱们"英雄所见略同"！他们确实也是业内口碑很好的企业。不过我这儿准备了份行业报告，汇总了今年的市场趋势和技术创新，您有空时看看，说不定能给现有合作带来新启发。

适度的批评能达到批评的最好效果

想批评人还不得罪人是一件很难的事，所以一个做事得体的人不会轻易指责别人，除非迫不得已。批评是一门口才艺术，适度的批评才能达到最好的效果。

原则一：因人而异

不同的人由于经历、文化程度、性格特征、年龄等的不同，能接受的批评方式和承受能力也有很大的区别。这就要求人们要根据不同批评对象的特点，采取不同的批评方式。根据人们受到批评时的不同反应，可以分为迟钝型反应者、敏感型反应者、理智型反应者和强个性型反应者。反应迟钝的人即使受到批评也满不在乎；反应敏感的人，感情脆弱，脸皮薄，爱面子，受到批评则难以承受，他们可能会脸色苍白，神志恍惚，甚至会从此一蹶不振，意志消沉；理智的人在受到批评时会感到很大的震动，能坦率认错，从中吸取教训；具有较强个性的人，自尊心强，个性突出，遇事好冲动，自我保护意识强，心理承受能力差，明知有错，也死要面子，受不了当面批评。

原则二：选择适宜的时机

当一个人心平气和且能以客观立场发言时，就是谈话的适当时机。假若你心中充满不平，随时可能大发脾气，那么最好先让自己冷静下来，因为过分情绪化的表现，不仅无济于事，反而有害。尽量要等自己平静时，再提出批评意见，除了个人的心理状况外，还要把对方的心理状况考虑在内。你应该在对方事先已有心理准备，并且愿意聆听的情况下，提出批评。假若对方情绪低落，那么就等到他恢复冷静时再说出你的看法；假若对方向你寻求帮助，你也应该尽可能把事实告诉他。

原则三：用词恰当

"你是骗子""你太没有信用"，这样的话，除了会刺伤对方和使自己恼怒之外，没有别的好处。批评对方只要评论事实即可，即使是对方没有信用也不能如此当面斥责。此外，千万不要否定对方的将来。我们要以事实为根据，就事说事，避免人身攻击。

01 当批评下属迟到时

😐 一般的想法

○以后不要迟到了。

○我们应该认识到，准时参加各种会议和活动是很重要的，而迟到就会影响到这一点。

○我们都应该努力遵守时间，以便于让我们的工作正常进行。

○你可以设定一个提醒，或者让别人帮你提醒，让自己更加注意时间安排。

02 当指出对方的缺点时

☹ 一般的想法

○你这个缺点必须改正。

☺ 高手的思路

○我觉得你还可以做得更好，这并不是批评，而是建设性的建议。

○虽然你工作态度认真，但在沟通表达能力上还有待提高，需要更加清晰、准确地表达自己的想法。

○我觉得你有时候会表现出过度的自我怀疑，需要更加自信一些，这样才能更好地面对挑战。

03 当批评别人的错误时

😐 一般的想法

○你的行为简直太过分了，必须受到惩罚。

🙂 高手的思路

○今天把你叫过来，是就××这件事情跟你反馈一些负面意见，我会说得直接些，所以可能会让你觉得不舒服。

○如果下次遇到类似情况，你觉得怎么处理能避免重复错误？

04 当批评下属工作不认真时

😐 一般的想法

○你没有对工作采取积极态度，这样做是不行的。

🙂 高手的思路

○你缺乏对工作的热情，不能够发挥出自己的潜力。

○你一直把工作当成理所当然，而忽略了它的重要性。

○你应该学会把工作当成一种责任，而不是一种义务。

说服别人需要一定的方法

说服要循序渐进，以理服人。得体的话是打动别人的关键，最好的说服者拥有一个语言的工具箱，里面装满了最具征服力的词汇，他们知道如何巧妙组合这些词汇，达到说服的目的。

要想在最短的时间里说服对方，需要学会运用一些说服方法。

方法一：主动接受说服

只要主动一些，一切都会因此而变得有所不同。主动接受说服法，是成功人士的秘密武器。要想成功说服他人，必须寻找合适的机会，让对方主动接受你的建议。

方法二：相似因素说服

在态度和价值观方面越相似的人，相互间的吸引力就越强。只要对方和自己的态度相似，即使在其他方面有所欠缺，也会让对方对自己产生兴趣。

方法三：反面衬托说服

从反面说，是以事物的负面结果作为论据，将事情的反面结果告诉对方,以达到说服对方的目的。使用这种说服法,可以取得别样的说服效果。

方法四：罗列理由说服

在说服的过程中,理由是关键。理由充分,可以增加说服力。在说服的过程中,要将理由告诉对方,而且理由越多越好,越充分越好。

方法五：间接说服

间接说服,就是说服者本人不用直接出面,借助有影响力、有说服力的第三者为自己说话,以达到说服对方的目的。巧妙地利用间接说服,可以让对方不知不觉被说服。

方法六：突出重点说服

在说服过程中,突出重点理由,能够给对方留下深刻的印象。在说服别人的过程中,最具有说服力的方法,就是突出重点,将最关键的理由强调出来。

方法七：换位思考说服

换位思考是一个人对另一个人的心理体验过程,说服者要站在被说服者的立场思考问题,从而与对方进行情感的沟通,为增进相互理解奠定基础。当对方感受到你对他的关心后,他是很容易被说服的。

方法八：身体语言说服

身体语言是由人的肢体运动表达的，可以传递出各种各样的信息。巧妙地利用身体语言，可以得到别人的认可，说服别人也就水到渠成了。

01 当说服陌生人时

☹ 一般的想法

○ 不知道从什么地方开始话题。

☺ 高手的思路

○ 根据对方的情况，主动说出自己和对方在哪些地方是"同路"的，比如看法、兴趣、经历等，显示给听者一种"我们是同路人"的好印象。

○ 先了解一下，看看对方是急躁的人，还是稳重的人；是不学无术的人，还是具有真才实学的人……如果掌握了对方的性格，就可以按照他的性格特征，有针对性地进行说服了。

○ 寻找一切机会，尽可能多地了解说服对象。你了解得越多，说服的把握也就越大。

02 当用事实说服时

一般的想法

○ 把摆事实变成讲故事。

高手的思路

○ 先做好一项准备,这项准备就是尽力搜集支持你的看法或建议的理由。

○ 尽量将事情的原委说明白,将关键的要素说清楚,比如:为什么、在什么地方、什么时间、什么人、结果怎样等。

○ 说话时,切记要说得精炼、简明扼要,在说话前,先想好一个轮廓,抓住问题的关键点,将多余的话都省略掉,然后,按照顺序一一说出来。

03 当用情感说服时

一般的想法

○ 自己动情地说,忽略了对方的想法。

高手的思路

○ 将自己的情感融入道理当中。即使对方对你的某些意见难以接受,你也要心平气和。你要用温和的心态,将事情向对方说清楚,用情理感化他们。

○ 学会找出别人的优点，给别人真诚而真挚的赞赏，这样就能很快地说服他人。

○ 尊重别人，让对方认为自己是个重要的人物，让他感觉到自己已经受到了别人的重视。

04 当间接进行说服时

☺ 一般的想法

○ 讲大量无关故事或绕圈子，却不直接点明目的。

☺ 高手的思路

○ 针对对方的不同特点，说一些貌似与本意无关的话打动对方的心，以达到真正的目的。

○ 不管是故事还是名言、成语，都具有强大的说服力，在说服过程中应酌情运用。

○ 把握"简洁有力"的原则，注意当时的环境和时间是否恰当，同时配合适当的语调和肢体语言。

05 当用认同心理说服时

☺ 一般的想法

○ 先表达自己的观点，后表示认同。

○ 通过引导对方来掌握主动权。学会让别人开口说"是",先不要讨论你不同意的事情,要先强调一下你所同意的事情。

○从谈话一开始,就创造一个肯定回答的气氛,尽量让他说"是的""好的""不错"之类赞同的话,而不要给对方留出否定的机会。

○ 只有消除双方的对立情绪,才可以赢得对方的信任,使气氛融洽,为说服铺平道路,使对方在心理上愿意接受你的劝说或主张。

○ 避开对方忌讳,从对方感兴趣的话题谈起,稍微掩藏一下自己的意图,让对方一步步赞同你的想法。

06 当突出重点说服时

😐 **一般的想法**

○ 说得太多,重点不突出。

☺ **高手的思路**

○ 不仅要会说话,还要说到点子上,要在最短的时间里,切入正题。

○ 抓住关键点,长话短说,不讲空话,有的放矢,不把精力分散到无关紧要的事情上。

○ 说话简短有力,一语中的,不拐弯抹角。

07 当换位思考说服时

一般的想法

○ 不了解对方,做不到感同身受。

高手的思路

○ 设身处地,站在对方的立场,顾及对方的利益考虑问题。

○ 考虑对方的感情,看他是否乐意,心中有何想法。

○ 看出别人的感情,然后以尊重的态度为别人考虑。

08 当以理服人时

一般的想法

○ 一直在讲大道理,不贴近实际。

高手的思路

○ 避免争论。尽力使不同的意见不成为争论的主题,即使有争论,也尽力使其和谐。

○ 用让步的方法,收获会比预期的高出很多。承认错误是一个人最大的力量源泉,你会得到意料以外的东西。

○ 如果确信自己是对的,那就试着以最委婉的方式去说服他人。如果自己是错的,只要能勇于认错,不但不会遭外界批评,反而还会得到原谅,甚至尊敬。如果一味地争辩,只会使事情变得更糟。

○ 注意倾听别人讲话,同时思考自己所要说的话,整理自己的思想,寻找恰当的词句,以完善地表达自己的意见,给人鲜明的印象。

○ 正话反说最显著的特点就是表面意思与本来意图恰好相反,让听者自觉去领悟,从而接受你的意见。

掌握好说"不"的分寸和技巧

每个人都有需要他人理解与帮助的时候,也常常会收到他人的请求。可是,在现实生活中,谁也无法做到有求必应。所以,掌握好说"不"的分寸和技巧就显得很有必要。

在一些日常交往中,善于拒绝者,既可以使自己掌握主动权、进退自如,又可以给对方留足"面子"、搭好台阶,进而使交际双方都能免受尴尬之苦。

婉言拒绝就是用温和的语言来表达拒绝。和直接拒绝相比,它更容易被接受。因为它在更大程度上顾全了被拒绝者的尊严。有些场合,如果严词拒绝别人的要求会令人很尴尬,也有伤双方的和气,有失自己的风度。这时,不妨来一点委婉含蓄,让拒绝在笑声中发出威力。

要做到委婉地拒绝,可以采用以下办法。

办法一:保持态度上的热情

即使是面对陌生人的请求,我们也应该保持热情。只要态度诚恳,即使最终以各种理由拒绝了对方,对方也不会觉得你是故意不予理会的。这样的拒绝是有礼貌的。

办法二：让对方知道不是只他一人被拒

如果请求者认为你只是针对他才拒绝的，很可能会不高兴。所以，在拒绝对方时，我们可以告诉对方，并不是自己不愿意帮忙，而是受限于某些硬性的要求，且已经拒绝了很多人，自己实在是无能为力。这样可以有效缓解其被否定的心理压力。避免产生被针对的误解，让拒绝更易被接受。

办法三：拒绝之前要表明你对他的同情

在拒绝他人之前表明同情，能够有效缓和拒绝带来的冲击，展现你的善意与理解，减少对方的负面情绪。你要让对方知道，拒绝他的请求并非因为你不愿意帮忙，而是实在无能为力。这样，通常不会引起对方的厌恶。

办法四：遇到难缠的人物，让其知难而退

有些人不甘心被拒绝，可能会纠缠不休。这个时候，我们不得不表现出决绝的态度。虽然这可能会给对方造成很大的打击，但也是无奈之举。只有彻底断绝对方的希望，他才会停止纠缠。这种方法虽然有些"冷酷"，但总比语言上的攻击要好得多。

01 当拒绝别人跟你借钱时

😐 一般的想法

○抱歉,我也没钱了。

😊 高手的思路

○哎呀,我也想借给你,但我手头的钱都拿去买理财产品了,现在取出来挺麻烦的。你大概需要借多少钱?我可以帮你问问我亲戚朋友有没有闲钱。

○哎呀,我也想借给你,但我最近也缺钱啊。我打算买一部新的手机,还在攒钱呢。

○哎呀,我也想借给你,但我最近也在还贷款啊。你要是不着急的话,可以等我这个月贷款还完再借给你。

02 当拒绝别人的邀请时

😐 一般的想法

○抱歉,我没有时间。

😊 高手的思路

○我很抱歉,因为我手头上有点工作没有完成,无法参加您的聚会。

○如果你有其他的活动计划,请随时告诉我,我很愿意参加。

○非常抱歉，但这次我不得不拒绝你的邀请。希望我们还有机会再相聚。

03 当拒绝不喜欢的人表白时

😐 一般的想法

○抱歉，我觉得我们不合适。

🙂 高手的思路

○谢谢你喜欢我，可我现在对恋爱真的不感兴趣。

○我们的未来可能会有很多变数，我觉得还是保持现状比较好。

○对不起，我觉得我们之间的距离太远，维持恋爱关系会很困难。

○我希望我们能够保持单纯的友谊，不让感情的复杂性影响我们的关系。

04 当你拒绝加班时

😐 一般的想法

○对不起，我不想加班。

○我明天有个重要的家庭活动,需要提前准备。所以,我不能加班。

○我明天有其他重要的事情,但是我可以请同事帮忙完成这个任务。

○我最近身体状况不太好,医生建议我尽量避免加班。所以,我不能加班。

05 当拒绝朋友的推销时

一般的想法

○不好意思,我不需要你的产品。

高手的思路

○不好意思,我现在挺忙的,还有好多工作要处理,以后再说吧。

○我得先专心关注我的银行账户,它已经在哭泣了。

○我听说过另一款产品,可能更适合你,如果你感兴趣,我可以把它推荐给你。

○这个产品听起来超棒!不过我最近在控制消费,只能忍住啦!要是你需要宣传,我帮你转发朋友圈推荐!

06 当下"逐客令"时

😐 **一般的想法**

○对不起，您该回家休息了。

😊 **高手的思路**

○用委婉的语气来提醒正在滔滔不绝的客人，自己没有太多的时间跟他闲聊。"周六的晚上我有空，咱们好好聊聊。今天我要赶着写一个报告，要不今年升职就无望了。"

○感谢分享这么多宝贵想法！我这边需要先梳理下细节，等有初步方案后，第一时间和您同步，您看方便吗？

○不知不觉都这么晚了，明天你还要早起上班呢！今天先到这儿，路上注意安全，下次再约！

○我现在困得眼睛都睁不开了，再聊下去怕是要"人机分离"了！快撤，下次我保证"满血复活"！

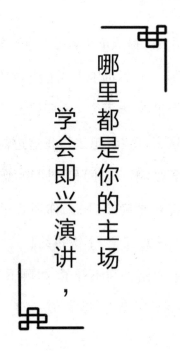

第 4 章

哪里都是你的主场

学会即兴演讲，

同样是演讲，为什么有的人讲话平平淡淡，而有的人讲话却能引起听众的巨大反响？好口才不是天生的，而是后天有效锻炼的结果，正如人际关系学大师卡耐基所说："世界上没有什么天生的演说家，如果有的话，一定是因为他付出了常人难以想象的努力与训练的结果。"

准备得越充分，你的演讲越轻松

俗话说："成功只会青睐那些准备充分的人。"演讲也是如此。即便我们做不到"台上一刻钟，台下十年功"那么夸张，讲话之前做些适当的准备也是必需的。演讲前的准备有几个步骤呢？

步骤一：心理准备

良好的心理准备能让你的演讲更加成功，如果没有做好心理准备，那么其他的准备都会白费。演讲心理指的就是演讲者对演讲实践这个客体的反映和感受，是演讲者在进行演讲实践时所必然产生的心理活动和必然经历的心理体验过程。因而，我们要有：求真的心理素质、创作上的心理素质（联想与想象）、表达的心理素质（鼓起勇气克服怯场，情绪饱满登台演讲，学会与听众沟通）。

步骤二：确认演讲目的

无论做什么事情，首先应该考虑的是出发点。演讲通常都是有其特定的目的，例如，寿宴发言的目的是祝寿，发布会的目的是推销产品，路演的目的是招商或融资。

步骤三：了解你的听众

演讲不是说给自己听，而是说给听众听的。因此，首先要先了解你的听众：他们的兴趣点在哪里？他们的基本特征是什么？单单这样的了解还不够，你还需要摸清他们的喜好，是喜欢听故事、听例子，还是喜欢玩游戏？还要明确他们的目的，是来捧场、来了解情况的，还是想获取知识的。

步骤四：明确演讲思路框架

在确定主题后，你需要收集相关的资料和信息，包括书籍、文章、报告、调查等。这些资料可以帮助你更全面地理解主题，并为演讲提供支持和依据。收集完资料和信息后，你需要制定演讲大纲，明确演讲的主要内容、重点和结构。大纲应清晰明了，确保听众能够轻松理解和跟随你的思路。

步骤五：练习演讲

你需要不断地练习演讲，让自己更加熟悉演讲稿和表达方式。你可以在家里、办公室或其他场合练习演讲，让自己更加自信和流畅地表达。

01 当确定演讲主题时

一般的想法

○演讲很精彩，主题不明确。

高手的思路

○结合自己擅长的领域，选择自己比较熟悉，并且有条件、有把握讲好的题目。

○选题要合乎演讲者的身份，要能够体现演讲者的个性特点和风格。

○主题一定要有时代意义，必须紧紧抓住人们普遍关心的问题，抓住社会现实中急需解决的问题。

○从听众普遍关心的问题，经历的痛点或向往的目标入手。

02 当准备演讲稿时

一般的想法

○内容平淡，无法激发听众兴趣。

高手的思路

○开头部分引入所要阐释的主题，使听众心中有数。

○主体部分的内容要充实丰满，处理好论点与论据间的关系,合乎逻辑地逐层展开论述,做到结构有力,层次清楚,过渡自然。

○结尾要努力调动一切积极因素,把听众的情绪推到最高的浪峰上,使听众情绪激昂、兴奋起来,形成说服和感染听众,并给听众以启迪的强烈效果。

03 当确定自己的演讲风格时

😐 一般的想法

○没有自己的演讲特色。

🙂 高手的思路

○利用自己的长相,或身体某种特别之处,来引起别人注意。

○可以参考一下自己的特点,发挥优势、扬长避短。平时说话就慢声细语的人,最好选择深思平稳式或潺潺流水式演讲;平时说话语速较快、声音也较洪亮的人,可以选择慷慨激昂式演讲。

○用"看见对方需求＋展现真实自我"的方式建立连接。既照顾听众情绪,又不失个人犀利,把"风格"变成"让双方都舒服的沟通桥梁"。

开个好头，演讲并不难

一次成功的演讲，离不开多方面的因素，但好的开头作为演讲的第一步，无疑是一个不可忽视的重要因素。正如人们常说的，"好的开头是成功的一半"，对于演讲来说，好的开头不仅是成功的一半，它几乎可以决定此后每一句话的命运。

一段精彩的开场白通常有三种作用。第一，吸引听众，激发他们的好奇心；第二，概述演讲的主要内容；第三，向听众阐明听你演讲的必要性。

开场白对每个演讲者都至关重要。精彩的开场白不仅能在最初就抓住听众的心，还能让自己的演讲加分不少。当然，优秀的演讲者都知道，开场白是有一定技巧的。但对于初涉演讲的人来说，还应该注意一些方法和技巧。

技巧一：开场白不能过长

开场白过长会让听众产生厌烦情绪，不利于接下来的演讲。

技巧二：许多人用过的套话不要再用

如"我没什么要讲的,只因为……""我很不会演讲,可是……"像这样的陈词滥调不要用。如果实在想不到更精彩的开场白,就以单刀直入开场。例如,"我想与大家谈谈……问题……""我赞成这样的说法,理由如下……""我不同意那样的观点,我有如下根据……"

技巧三：与听众建立互动联系

激发听众的兴趣,尽量使他们放松,并完全投入你的演讲中。演讲不是催眠,你要主动与听众沟通。

01 当用开门见山式开场时

😐 一般的想法

○说了很多跟主题无关的话。

☺ 高手的思路

○由演讲的题目谈起,交代题目及演讲的缘由,吸引听众,引出下文。

○由演讲的缘由讲起,三言两语向听众说明演讲的起因,然后顺水推舟导入下文。

02 当用故事式开场时

😐 一般的想法

○讲的故事太普通,没有新意。

😊 高手的思路

○通过跌宕起伏的故事情节,将听众引入一种忘我的境界,并将自己的思想观点巧妙地融入故事中。

○故事一定要与演讲的主题相关,且要有内涵、有品位,不能粗俗。

○开场白的故事内容不要太长,不能喧宾夺主。

○讲故事要有技巧,尤其是配合身体语言、语音语速等。

03 当用幽默式开场时

😐 一般的想法

○严肃呆板,像讲课一样。

😊 高手的思路

○适时适度地"自嘲",自己拿自己"开涮",会收到妙趣横生、意味深长的效果。比如:"听说今天的分享要干货满满,吓得我连夜翻遍收藏夹,结果发现90%都是'下次一定看'的文章。"用自黑消解权威感,让听众放松。

○幽默不可乱用，切忌用低级庸俗的笑话或粗俗的语言开场。

04 当用悬念式开场时

一般的想法

○悬念设置不巧妙，给人一种为了吊胃口而故弄玄虚的感觉。

高手的思路

○根据听众的心理，在演讲中提出问题，然后解答问题，使听众的思路和注意力自始至终跟着演讲者的思路走。

○栩栩如生地描述一个博人眼球的事情，产生"此言一出，举座皆惊"的艺术效果。

○制造场景联想，代入故事。通过具象化描述营造画面感，如："三天前，我在后台收到一条匿名纸条，上面只写了 10 个字，却彻底改变了我对今天这场演讲的准备……"

05 当用名言式开场时

一般的想法

○名言用得不准确，说服力不强。

○平时阅读和学习时,要有意识地多收集一些名言警句,并按照励志、情感、哲理等主题进行分类管理,将这些智慧金句作为今后演讲开场的点睛之笔。

○引用的话语本身富有蕴意,具有高度的感染力和极强的说服力。如:"罗曼·罗兰说,'世上只有一种英雄主义,就是在认清生活的真相后依然热爱生活'。这句话曾陪我熬过无数低谷,也让我明白:真正的强者,不是从不跌倒,而是跌倒后依然选择向前奔跑。"

控制演讲的氛围，让现场更有感染力

演讲是演与讲的结合，演讲者通过语言表达自己的思想、感悟或主张，从而感染听众，引发共鸣。所以，营造一个既切合主题，又适应特定场合的氛围，将听众带入演讲的艺术境界，使演讲具有强大的感染力和号召力，是很重要的。

那么，要想活跃演讲的气氛，需要注意哪些方面呢？

注意一：演讲者要充满激情

当演讲者充满激情时，演说现场的气氛往往最为活跃，也是演讲者和听众的情感交流最融洽的时候，此时演说达到高潮。如果演说中出现高潮，演讲者自然能够控制全场的气氛。

注意二：选择听众喜欢的话题

一般听众对以下几类话题都怀有浓厚的兴趣：满足求知欲的、激发好奇心的、与听众利益相关的、有关理想信仰的，以及娱乐性的话题。因此，我们要尽可能选择听众喜欢、欣赏或感到好奇的内容，做到与听众融为一体。

注意三：互动，让听众动起来

演讲不仅是语言的传递，更需要听众用肢体参与，因为每个动作都能激活情绪，让共鸣更加强烈。做一些积极而愉快的动作也会让我们的情绪愉悦。例如，在一些培训现场，会播放轻松愉快的音乐，让人们动起来，从而调动听众的情绪。

注意四：目光和肢体动作的配合

演讲者的目光投向哪里，影响力就传递到哪里。演讲者不能一直盯着一处或一侧，而是要扫视整个演讲现场的观众，配合大幅度的动作起伏，能迅速集中听众的注意力，也可以让那些交头接耳的人安静下来，还可以提醒打瞌睡的观众。

01 当调动听众的情绪时

一般的想法

○只顾自己在台上讲，忽略了听众的情绪状态。

高手的思路

○根据演讲主题的需要，从各个角度、各个侧面对该事物或事件进行铺陈渲染，以形成一种"先声夺人"的气势，把听众的思绪引入特定的演讲氛围。

○注意当时的环境和场合，只有内容与场合吻合，才能营造出庄重的气氛。

02 当运用排比时

一般的想法

○生硬的排比令人感到单调和做作。

高手的思路

○具备丰富而深刻的思想，对所讲的内容非常熟悉，有较高的语言组织能力和概括能力。

○在形式上要做到结构相同，句式整齐，字数相近，音节匀称；在内容上要表意确切明了。

03 当妙用夸张时

一般的想法

○过于夸张，把握不好度。

高手的思路

○合理地运用夸张技巧，揭示事物的本质，加强演讲的感染力，启发听者的想象力。

○夸张虽然可以言过其实，但不能浮夸，不能哗众取宠，更不能无中生有，信口开河。

○必须以客观事实为基础，必须反映客观事物的本质特征，做到"夸而有节""饰而不诬"。

○不要单纯为了猎奇而强行夸张，如在汇报情况、介绍经验等场合就不能随意运用夸张。

04 当借用比喻时

一般的想法

○比喻不够贴切。

高手的思路

○运用恰当的比喻，将复杂的问题简单化，激起听众的兴趣。

○化平淡为生动，化深奥为浅显，化抽象为具体，尽量做到准确而又新鲜。

05 当向听众发问时

一般的想法

○一味用居高临下的口吻进行发问。

高手的思路

○提出的问题应围绕中心，饶有趣味，发人深省。

○用设问调节演讲时的气氛，唤起听众听讲的兴趣和热情，达到提醒和强调的目的，激发听众共同思考问题，从而牢牢掌握住演讲的主动权。

06 当活用对比时

○运用得比较死板,对主题帮助不大。

○恰当地运用对比手法,使形象突出,较全面地表现自己的观点,深刻揭示事物的本质特征。

○用对比的方式来唤起听众的心理共鸣,突出演讲主旨的倾向性,引起听众对演讲信息的高度重视,从而与演讲者产生心理的交融。

○恰当地运用对比修辞手法,充分显示事物的矛盾,突出被表现事物的本质特征,增强演讲的艺术效果和感染力。

07 当巧用数字时

○数据准确度不高。

○借助数字和数学方法对客观事物进行精确计算和定量分析,帮助听众准确地掌握情况,并加深理解。

○恰当地引用精确的数据来增强事实的可信度,使演讲变得形象生动,大大增强演讲本身的说服力。

○使用翔实的数字、数据,内容明确、具体、实在,让听众感兴趣。

08 当制造悬念时

😐 一般的想法

○手段不高明,给人故弄玄虚的感觉。

😊 高手的思路

○用设置悬念激起听众的兴趣,引起听众的关切,争取听众的参与。

○在出现冷场的情况下,适时地制造一两个悬念,重新吸引听众。

○通过先设置悬念"卖关子",后揭开谜底"解扣子"的方式,营造一种曲径通幽、引人入胜的演讲气势,使演讲收到更好的效果。

09 当引发听众情感共鸣时

😐 一般的想法

○没有抓住听众的情感变化节奏。

○运用转折的方法,造成一种内容和情感上的"水位落差",使演讲形成飞流直下的磅礴气势,产生动人心魄、感人肺腑的艺术魅力。

○运用把事理层层推进地表现出来的造势技巧,使语言一环扣一环,一步紧一步,形成一种"层渐美"。使听众认识逐步深化,感情逐步激昂,印象逐步加深。

○运用欲扬先抑法,使情节多变,形成波澜起伏,造成鲜明对比,使听者在演讲过程中,产生恍然大悟的感觉,留下比较深刻的印象。

○使用连珠炮似的反诘,加强演讲的语势,把原来确定的意思表达得更加鲜明和不容置疑,使自己与听众的感情产生强烈的共鸣,把演讲推向激越的高潮。

随机应变，掌握控场技巧

演讲现场往往充满变数，或是口误引发的言语失态，或是突发状况打破会场节奏，抑或是听众反应与预期大相径庭。这些意外不仅可能导致演讲中断、削弱表达效果，更可能让核心观点在传递过程中偏离原意。因此，面对突发的尴尬场景，优秀的演讲者需要迅速调动应变能力，灵活控场，才能从容化解危机，确保演讲顺利推进。

那么，要成为掌控全场的演讲高手，究竟需要修炼哪些关键应变与控场能力？

能力一：控制感情，掌握分寸

当发生意外情况时，要镇静，要有好的心理素质，能控制感情，掌握分寸。不要在讲台上惊慌失措，更不要冲动行事。

能力二：从容答题，妙语解脱

演讲时，常有听众提出较尖锐的问题，这时候该怎么办呢？要学会从容地回答听众提出的问题，特别是那些乍听起来十分棘手的问题。有的人采取压制的方法，发火批评，喊"别吵了，安静下来"，这样只会使自己陷入窘境。有的人则采用以诚相待、妙语解颐的办法,变被动为主动。

能力三:巧妙穿插,活跃气氛

如果会场沉闷,要尽快调节,巧妙穿插,活跃气氛。演讲者使用穿插的方法,除了把事理说得更形象、更深刻外,还可活跃现场气氛,激发听众兴趣。比如,讲个笑话、讲个故事、谈点趣闻、唱支歌等。

能力四:将错就错,灵活处理

要想在演讲中避免说错话是相当困难的。如果出错,最忌讳两点:一是搔头挠耳,二是冷场过久。有人观察得出这样的结论:在演说过程中冷场 15 秒以上,听众群中就会有零星笑声;冷场 30 秒以上,就会有少数听众的笑声;冷场时间再长一点,听众就会普遍不耐烦了。

01 当意外冷场时

☺ 一般的想法

○灰心泄气,不知所措。

☺ 高手的思路

○运用幽默,缓解紧张情绪,打破僵冷的气氛,营造良好的氛围。如:"怎么感觉空气都凝固了呢?是不是我的热情还不够?那我宣布,接下来的内容得开启'沸腾'模式,请各位准备好接收!"

○当听众受到外界干扰时,演讲者不妨借景发挥,即景说话,将意外发生之景与演讲内容有机地结合起来。

○在必要的时候向听众提出富有针对性和启发性的问题,调动听众参与演讲活动的热情,有效地避免冷场和打破冷场。

02 当忘词口误时

😐 一般的想法

○内心无比慌张,演讲很难继续下去。

☺ 高手的思路

○不要慌张,更不能有小动作,这样的话有失风度,应尽量让自己面带微笑,保持淡定神态。

○中途提问或插话,在说的同时用眼睛环视四周,这样可以为自己争取时间。

○把刚才说过的话用加重语气放慢语速的方式再重复一遍,用这种方法唤起自己的记忆;或者把刚才说过的话用疑问句的形式再说一遍,巧借疑问后的停顿间隙回想起要讲的内容。如:"看来这个知识点需要大家帮我回忆。在座有没有和我一样,偶尔被灵感'绊住'的朋友?"

03 当出现意外情况时

一般的想法

○没有心理准备,不知道该怎么做。

高手的思路

○幽默圆场,自嘲解脱,巧引话题,开始演讲。如:"突然发现大脑正在疯狂加载下一个金句,稍等我缓存完毕,保证给大家呈现完整版!"

○在有限的时间里做到观察细、感受深、思考准,从而达到对策巧妙的地步。

○有很强的应变能力,能镇定地、巧妙地应对任何突发性困境。如遇到设备故障,可以转移焦点:"正好借此机会,咱们先聊聊这个话题背后的小故事,比看屏幕更有意思!"

04 当听众提出疑问时

一般的想法

○问什么答什么,没有引导性。

高手的思路

○进行充分的准备,直接回答问题,控制好答疑现场。

○保持清醒、冷静的头脑,切忌感情用事,然后采取灵活的应变处置,使演讲顺畅地进行下去。借宣读纸条或回答口头质疑的时机,进一步激发听众的情绪,把演讲的气氛推向高潮。

○在回答问题时,语意含蓄,给观众一个良好的心理感受,给对方留下适当的面子。如:"您的角度非常新颖!这个问题值得深入探讨,咱们结束后我想向您请教,现在先让我把整体逻辑讲完,方便大家串联理解。"

巧妙结尾，让演讲完美收场

结尾是演讲的重要组成部分，是展现一个人演讲艺术的重要环节之一。当一个优秀的演说者退场时，他最后所说的几句话，往往会在听众耳边回响，并留下持久的记忆。"余音绕梁"正是如此，因此结尾必须精心设计。结尾是走向成功的最后一步，处理得好，能曲终奏雅，给听众留下美好而难忘的印象；处理得不好，则会功亏一篑，令人失望和扫兴。因此，这最后的部分也是演讲中最需要讲究策略的地方。

精彩的结束语犹如与人话别，能促人深思，耐人寻味，给听众留下难以忘怀的印象。因此，在演讲的结尾要努力调动一切积极因素，把听众的情绪推向高潮，使听众感到振奋和激昂，在脑海中形成一个强烈的兴奋点。这样的结尾可以给听众以希望和信心，使演讲者的意境和听众的感情得到升华，形成说服、感染并启迪听众的强烈效果。

结束演讲的方法多种多样，演讲者可根据具体时间、地点、主题、听者及自身特点等因素，选择适合自己的结束方式,使之有效地为演讲的思想和目的服务。

下面是一些演讲结尾时的注意事项。

事项一：切忌拖泥带水、画蛇添足

有的演讲者已经把该讲的内容全部讲完,却又说了一些与主题无关或关系不大的话,这无异于节外生枝,是最令听众反感的。这种做法不但打乱了听众的思路,破坏了听众的情绪,而且易冲淡前面所讲的内容。演讲者必须下决心,将与主题无关的话从结尾中彻底清除,当断则断,当止则止,绝不要画蛇添足。正如一句格言所说:"没有结束语的结尾贫乏无力,可是没完没了的结尾则是令人可怕的。"演讲者要善于用最精炼、最概括且富于哲理的语言结束演讲,这才是最有力的结尾。

事项二：不可千篇一律、废话连篇

有的演讲者开头说得不错,但一到结尾就落入俗套,尽说些故作姿态、令人生厌的客套话。其结果,就像让听众吃了一粒发霉的花生,把满口的香味彻底破坏了。

事项三：切忌草草收场，敷衍了事

与那些忘了停止的演说者相反,突然结束的演说者走向了另一个极端。听众正津津有味地听着演讲,突然之间,演说者说了声"谢谢",演讲戛然而止。演说者没有留给听众任何心理准备，表明演讲即将结束，白白错失了为听众留下一个强有力结尾的宝贵机会。

事项四：不可故作谦虚，言不由衷

有些演讲者在演讲结束时，总要说几句表示谦虚或道歉的话，甚至有的演讲者由于听众在演讲过程中不够专注，便在结束时说几句旁敲侧击的讽刺话。这些做法不仅是多余的，而且还暴露了演讲者思想水平的不足。每个演讲者都应端正态度，摒弃陈词滥调，以更专业和自信的方式完成演讲。

01 当用总结式结尾时

☹ 一般的想法

○一两句简单概括一下。

☺ 高手的思路

○用极其精练的语言，对演讲内容和思想观点做一个高度概括性的总结，以起到突出中心、强化主题、首尾呼应、画龙点睛的作用。

○为了阐述自己的观点和主张，利用一切手段，从正面、反面和侧面等各个方面来进行分析和论证。到了结尾处，总结全篇，突出重点，深化主题。

02 当用问题式结尾时

一般的想法

○问题没有深度，总结性不强。

高手的思路

○以发问的形式提出问题，以反问和设问的形式结尾，启发、强调、肯定、感染听众。如："今天我们谈了这么多职业突破的方法，但机遇永远青睐有准备的人。下一个主动争取机会跳出舒适圈的人，会是你吗？"

○在演讲结尾时，向听众提出一系列的问题，让听众参与到演讲中来，引导其深入思考，做到以境感人。

03 当用号召式结尾时

一般的想法

○脱离实际，号召性差。

高手的思路

○用号召式的结尾方法鼓动起听众的热情，激发他们采取某种行动的欲望。

○以慷慨激昂的语言，对听众的理智和情感进行呼唤，或提出希望，或发出号召，或展示未来，以激起听众感情的波涛,使听众产生一种蓬勃向上的力量。

04 当用趣味式结尾时

☹ 一般的想法

○幽默过了头,影响整体效果。

☺ 高手的思路

○精彩的结尾,使整个演讲的内涵和风采骤然升格,巧妙地运用幽默使人体味到十足的美感,给人留下深刻的印象。

○利用幽默结束演讲时,要做到自然、真实,使幽默的动作或语言符合演讲的内容和自己的个性,绝不要矫揉造作、装腔作势。 如:"知识的'旅程'总有到站的时候,今天就先'到站'啦! 但我相信,大家的成长不会'掉线',咱们下次再'连线'分享更多干货!"

分门别类，常见演讲即学即用

日常生活中，我们总会置身于各种各样的活动场景——参加公司表彰大会、接待远道而来的朋友、主持重要典礼仪式，或是参与热闹的宴会……无论何种场合，发言的机会往往不期而至。这些时刻，正是我们展现个人风采、拓展社交圈子、彰显语言魅力的绝佳契机。每个场景都有独特的"社交密码"，若能主动把握表达机会，在不同场合都能从容应对，人生的舞台也将因此绽放更多精彩。

场合一：在表彰会上的致辞

表彰大会，顾名思义，是表扬并嘉奖有功人员的大会。作为单位领导，此时的讲话一定要得体，比如，如何以领导的身份致辞，该先表彰谁后表彰谁，如何说话更激励人心等。在这种场合发言，除了表达敬意和祝贺之外，还需要注意以下三点：一是避免夹杂个人喜好。在表彰会上，应多站在单位的角度发言，体现公平、公正的原则，避免掺杂个人喜好与情感。例如，"我觉得""我认为""我更倾向于"等表达方式不妥，类似体现个人情感与喜好的字眼尽量不要用。二是说话要有根据。表彰某位员工时，应让其他人看到该员工的贡献与成绩，这样才能让大家心服口服。三是肯定其他人员的贡献。这一点很关键，尤其在公开场合，表彰优秀人员的同时，也要顺带肯定其他人的努力与付出。许多人忽略了这一点，表彰完相关人员后就没了下文，显得不够圆满，也容易影响他人的士气。

场合二：研讨会演讲

商务研讨会，是指由企业或行业协会举办的一些讨论。在研讨会上发言，要完整地阐述自己的观点，要有连贯性。首先，要提出自己的观点，如你支持什么，反对什么，或是想讨论什么。其次，要分条、分层论述自己的观点。论据要合理，道理要讲清楚，故事要讲明白，做到有针对性、中心突出、层次分明、语言通俗易懂、少陈词滥调。最后，发言时间不要太长，因为是研讨会，要给更多人发言的机会。

场合三：推介会演讲

推介，在某种意义上也是一种销售行为。在推介会上如何通过演讲打动人心，直击销售的核心呢？关键有三点：一是熟悉产品的卖点。任何时候都不要说"我不清楚""我不能够""我不确信"之类的话。对于不确信的事可以不说，但一定不要"实话实说"或是胡说。二是了解你的听众。不管你要把产品推介给谁,都必须先了解对方的特点、爱好、需求等,并以此为基础组织演讲内容,做到有的放矢。三是要能引起共鸣。推介的最终目的是成交,成交的重要前提是让客户或听众认可你的服务与产品。这就需要你在演讲时要尽可能引起他们的共鸣,说出他们想听的话。

场合四：学术演讲

学术演讲多在学校、科研机构,或是企业内进行,主要包括学术报告、专题讲座学术评论、学术发言、科学报告、学位论文答辩等。学术演讲要求演讲者具备扎实的专业基础,且要有深刻的论证、严密的逻辑推理与严谨的语言风格。在进行学术演讲时,不仅需要演讲者将自己的学术理念表达得淋漓尽致,还要让听众始终保持对演讲主题的注意力。所以,学术演讲需要做好以下几件事:首先,要分析听众,清楚听众的专业水平、兴趣,以及关注的焦点等。其次,要选个有新意的演讲主题,既要考虑自己的能力,也要照顾到听众的兴趣。最后,演讲的内容要有深度,要能反映自己的学术成果或是独特的见解,切忌泛泛而谈或东拼西凑、四处抄袭。

场合五：公务演讲

政务演讲主要包括各种会议上的总结报告、集会演讲、宣传演讲等。在各类公务演讲中,演讲的内容不同,听众的敏感度不同,使用的语言技巧也应不同。如果听众是专业的,就多使用专业名称;如果听众不是专业的,就尽量使用一些简单易懂的词汇,讲得有趣生动。

场合六:感恩客户致辞

感恩客户的演讲,与宴会上祝酒词有相似之处,都是为了烘托场面氛围。要讲好"感恩"这个主题,除了态度恳切、举止得体外,还要把握好以下几点:一是清晰叙述对方的帮助,要把人物、时间、地点、原因、结果及事情经过交代清楚,确保听众听得明明白白。二是演讲中要充满感激之情。在阐述事实的过程中,要始终饱含感情,强调对方的支持、厚爱,并表示衷心的谢意。三是表达谢意要得体。每句话既要符合被感谢者的身份,也要符合感谢者的身份。

01 当婚礼致辞时

一般的想法

○把握不好身份,说得太多。

高手的思路

○用幽默、风趣的语言,吸引来宾,借以渲染热烈气氛,为下面各项"节目"的进行做好铺垫。

02 当展会发言时

😐 一般的想法

○生硬背稿,照本宣科。

😊 高手的思路

○不仅要有宣传性、鼓动性,还要有趣味性,使听众产生兴趣,获得知识。

○娓娓道来,如叙故事,如数家珍,让人倍感亲切。

03 当酒会致辞时

😐 一般的想法

○泛泛而谈,没有主题。

😊 高手的思路

○在祝酒词中恰当地引用名言、名句、名诗词表达情感,起到画龙点睛、升华主题的作用。如:"'酒逢知己饮,诗向会人吟',今天能与各位行业精英相聚于此,实乃幸事。愿我们以酒为媒,加深了解,未来携手共进,开拓更广阔的市场,干杯!"

○在热烈的气氛中有张有弛,讲一个十分精炼的小故事,然后引申为祝酒的主题。

04 当竞选演讲时

一般的想法

○承诺太多，可信度低。

高手的思路

○尽最大可能显出"人无我有""人有我强""人强我新"的胜他人一筹的"优势"来。

○在表达意思时，必须突出一个重点，围绕一个中心，而不要搞多重点、多中心，不能企图在一篇演讲中解决和说明很多问题。

○在讲措施时一定要注意条理清楚，主次分明。

05 当就职演讲时

一般的想法

○用一些官腔套话哗众取宠。

高手的思路

○一定要实事求是，讲真话，不能哗众取宠；要通俗易懂，不能过于抽象，要给人以亲切真实之感。

○既要有强烈而真挚的感情，又要有冷静而理智的分析，不卑不亢，语言简洁有力，主题突出，层次清晰，有强大的感染力与号召力。如:"生活不能等待别人来安排,要自己去争取和奋斗。接下来的日子,我不空谈目标,而是以问题为导向,以大家的需求为方向,把规划细化到每一个节点。也请大家和我一起,用行动把蓝图变成现实! 谢谢大家!"

06 当致欢迎辞时

☺ 一般的想法

○过分热情,给人不舒服的感觉。

☺ 高手的思路

○讲话要礼貌、亲切,流露出真情实感,而这种情感是发自内心的,是内心情感的自然流露。如:"在这里,我们已备下真诚的心意与热情,愿各位能卸下旅途的疲惫,尽情享受这段相聚时光。无论工作交流,还是轻松闲谈,我们始终相伴左右。最后,再次向各位的到来致以最诚挚的欢迎和感谢!"

○表情与言语要统一,不能虚假。如果与被接待方在原则、观点上存在分歧,致辞中就要委婉含蓄,不可直来直去,恶语伤人。

07 当致欢送辞时

一般的想法

○言语拖沓，篇幅冗长。

高手的思路

○要做到简短、明快。

○要礼貌、真诚，从开头称呼到结尾祝福都要体现出尊重和亲切的感情，切忌语言粗俗，表达冷漠。

○语言要生动，并适时地运用幽默言辞，以营造一种愉快轻松的气氛。

○应注意措辞，讲究文采，适当运用名言、典故、成语、诗词，或形象化的比喻等，恰到好处地道出内心的祝愿。如："'海内存知己，天涯若比邻'，今天虽然要和××告别，但这份情谊永远不会因距离而淡去。感谢你在这里留下的所有精彩与温暖，愿你带着勇气奔赴新征程，所求皆如愿，所行皆坦途。"

08 当辩论演讲时

一般的想法

○火药味十足。

○内容必须是针锋相对的，要针对对方的观点，进行有理有据地批驳，从而维护和证明自己观点的正确性。

○对对方提出的观点和问题快速反应，及时总结、应答。

○选取新颖的论据从特殊的角度进行巧妙地答辩。

09 当主持会议时

☺ **一般的想法**

○完全程序化，没有感情色彩。

☺ **高手的思路**

○无论开什么样的会议，都必须事先拟定好一项或几项议题，层次要清晰，逻辑要严密，表达要准确，中心要突出。

○用朴实无华、浅显易懂的语言来表达深刻的内容，把深奥的道理浅显化。

○善于提问，积极引导，使会场呈现一种生动活泼、毫不拘谨的局面，从各种不同角度、不同侧面发现问题、提出问题、分析问题、解决问题。如："刚刚的分享让人意犹未尽。接下来换个角度，假如你是未来的自己，会给现在的讨论补充哪些'上帝视角'的建议？请将话筒交给手举得最高的那位！"

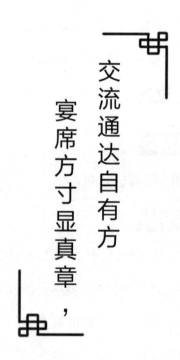

第5章

交流通达自有方

宴席方寸显真章，

宴请场合中，礼仪是稳固的基石，奠定了交流的基本秩序与尊重氛围；而话术则是灵动的钥匙，在关键时刻破解僵局、激活对话。礼仪塑造信任，话术催化共鸣，二者相辅相成、缺一不可，唯有将礼仪的严谨与话术的巧妙融会贯通，才能让一场宴请真正成为深化关系、促成合作的优质契机。

宴请规矩，有效沟通的基石

中国自古便是礼仪之邦，"礼"早已成为人际交往的重要准则。如今，无论是商务合作的洽谈宴请，还是亲友相聚的社交饭局，餐桌上的礼仪规矩都是搭建有效沟通的基石。宴请的礼仪规矩不仅是文化传承，更是打开语言沟通局面的"金钥匙"——当礼数周全到位，话题自然能顺畅展开，无论是合作洽谈还是情感交流，都能事半功倍。接下来，就让我们一起梳理那些宴请时必须掌握的实用礼仪规则。

规则一：遵时守信

遵守时间也是守信的表现，所以约人吃饭或被人约吃饭一定要守时，准时到达是对主人和其他客人的尊重。当然，如果你知道自己会迟到，可以提前与宴请人沟通，避免出现不必要的尴尬。

规则二：尊敬他人

在商务宴请中，是否尊重他人是一个人文化素养的体现、精神境界的写照，也是一个人有无社会经验的表现。

规则三：真诚友善

在宴请中，务必以诚待人，诚心诚意，诚实无欺，言行一致，表里如一。只有如此，自己在酒宴上所表达的对交往对象的尊敬与友好，才会更好地被对方理解和接受。

规则四：自律自重

在餐桌应酬之中，不论身份高低、职位大小、财富多寡，每一位参与者都不可随心所欲，要做到自律和自重。自律就是自我约束，时时处处用礼仪规则，规范自己的言行举止；自重反映一个人的思想道德水平，反映了一个人的社会经验。自律的原则还反映在不要忽视细节礼仪，因为别人往往是从细微处来观察你的为人和品格的。

餐桌是情感沟通和交流的好地方。在餐桌上，既要彬彬有礼，又不能低三下四；既要殷勤接待，又不能失稳重；要大大方方、堂堂正正。要把握交往的分寸，注意感情适度、谈吐适度、举止适度。

规则五：入乡随俗

由于国情、地域、民族、文化背景的不同，在宴请中，实际上也存在着"十里不同风，百里不同俗"的情形。对这一客观现实要有正确的认识，不要自高自大、唯我独尊、以我划线，简单否定其他人不同于己的做法。必要时，要入乡随俗，与绝大多数人的习惯做法保持一致。只有这样，才能有助于人际关系的融洽和人际交往的扩大。

宴请中的语言破局术

宴请场合中,礼仪是搭建交流的稳固"基石",而语言技巧则是赋予场景生机的"点睛之笔"。无论是严肃的商务谈判,还是轻松的亲友相聚,精准的开场、巧妙的应答就像点亮场景的"聚光灯",能瞬间打开场面,让对话自然流动。善用语言技巧,方能让宴请成为拉近关系、达成共识的理想契机。

01 当邀请人赴宴时

一般的想法

○直接提出邀请,说出自己的目的。

高手的思路

○事先调查一下被邀请者所在的环境,在他的附近选择一家有特色的酒店,然后开始发出邀请。

"张总,中午有空儿吗? 一起吃饭好吗? 我在您这边发现了一家烤味店,就在对面小巷中,距离您这里走路大概三分钟就到了。那里的烧烤真的是一流,而且环境也不错,真的是休闲吃饭的好地方……"

○先用其他的东西来吸引对方,然后借口发出邀请。

"刘总监,这份文献不错吧？昨天我在一家专业网站上还看到了一份更加权威的文献！只是昨天太晚了,没来得及下载……这样吧,我现在就下载那份文献,晚上我们一起吃饭,然后我把那份文献交给您？"

○故意拖长拜访时间,然后发出邀请。

"李总,您的观点对极了,我真的是很佩服您,您看,这时间也不早了,这样吧,我们找个地方一起吃饭,然后您再把这个观点继续跟我细说一下。对面的××餐馆环境棒极了,很适合聊天！我们现在就过去？"

02 当请领导吃饭时

😐 一般的想法

○直接问领导什么时候有时间。

😊 高手的思路

○邀请领导赴宴必须找个合适的理由,必须在尊敬领导的前提下,寻找最合适的理由对领导发出邀请。

○宴请领导一定要量力而行,务必从实际需要和实际能力出发,切不可虚荣、铺张、打肿脸充胖子。

03 当请客户吃饭时

一般的想法

○简单邀请一下而已。

高手的思路

○真诚对待不同类别的客户。"诚"就是真诚相邀，不虚情假意，不违约、不失信，竭尽所能满足客户的需求，令其欢欣而来，满意而归。

04 当请同事吃饭时

一般的想法

○只邀请关系比较好的人。

高手的思路

○席间话题的选择一定要把握"火候"。同事之间谈话，最好选择与工作无关的轻松话题，像与老朋友那样的调侃式的对话在同事聚会时要小心使用，不要无形中得罪了同事。

○席间也不要谈同事的隐私，即使是闲聊，如被别有用心的人听到，很可能会被添油加醋地到处宣扬。

○同事之间聚餐时一定要注意不要在同事面前谈论上司。

05 当请下属吃饭时

😐 一般的想法

○居高临下地邀请。

😊 高手的思路

○酒不能喝得太多，要管得住自己。否则，如果下属是不值得信任的人，第二天一定会搞得满城风雨，更可能会让那些觊觎你位置的人有可乘之机。

○请下属吃饭要以情动之，不断积累人脉，以备后用。

06 当你的宴请被拒绝时

😐 一般的想法

○非常难堪，以后再也不请他了。

😊 高手的思路

○正视拒绝，要有心理准备，要确立宴邀成功的自信心，在被拒绝时也能泰然处之，妥善处理。

○如果宴请被拒绝，应该查找自己被拒绝的原因。经过反思自省，找到问题所在。

07 当选择吃饭地点时

一般的想法

○就近原则,哪里方便去哪里。

高手的思路

○一定要争取选择清静、幽雅的用餐地点,要让赴宴者吃出档次,吃出品位。

○官方正式、隆重的宴会一般应安排在政府的宴会场所或客人下榻的酒店内举行。

○举行小型正式宴会,宴会厅外应另设休息厅,供宴会前宾主简短交谈用,待主宾到达后,一起进宴会厅入席。

08 当饭局上点菜时

一般的想法

○专门点一些比较贵的菜。

高手的思路

○先问问桌上同餐者有没有什么人有特殊忌讳,比方说素食者、不食牛羊肉者、不吃辣椒者、不吃海鲜者等。做到心中有数,点菜时就可以兼而顾之。

○每到一个不熟悉的餐馆,先问问有什么特色菜,这样就可以了解该餐馆的特色,点菜时心里有底。

○不要求每个菜都出色精彩,但讲究一桌菜五味俱全且要搭配合理。咸淡互补,鲜辣不克,让每种味、每道菜都发挥到极致。菜肴应强调荤素、浓淡、干湿、多种烹调方法搭配,原料尽量不重复。

○了解各式菜肴的出处和典故,要吃出品位、档次和格调来。或由此引出下酒的话题,席间不至于因无话可说而显得尴尬,也不至于直奔主题而显得唐突。

○对于年长者,点的菜要清淡一点,素菜要多点一些,量要适度,采用蒸、炒等技法烹饪的菜可多一点。而对于年轻人可味道浓烈一些,如采用炸、爆、烤等技法烹饪的菜可多一些。

09 当劝人喝酒时

☹ 一般的想法

○过于热情,给人一种拼酒的感觉。

☺ 高手的思路

○如果是商务宴请,祝酒时既要热情有度,又不能与来宾拼酒,以免造成来宾的反感,影响之后的正式会谈。

○如果是家宴、喜宴、庆典宴,第一杯酒必须体现宴会的主题、主人的盛情、对来宾光临的企盼与欢迎。

○如果是友人小酌，则大可不必拘泥于形式，越是实在、贴切，越能使人感到亲切，更能让人开怀畅饮。

⑩ 当他人为你斟酒时

一般的想法

○只说一声谢谢。

高手的思路

○别人斟酒的时候，可向其回敬以叩指礼，特别是自己的身份比主人身份高的时候。方法即以右手拇指、食指、中指捏在一起，指尖向下，轻叩几下桌面。

⑪ 当你为他人斟酒时

一般的想法

○无论什么酒都倒满杯。

高手的思路

○斟酒需要适量。斟白酒、红葡萄酒入杯应为八分满；斟啤酒，第一杯时应使酒液顺杯壁滑入杯中呈八成酒二成沫。

○作为主人，要首先为客人斟酒。酒瓶要当场打开，饮者的酒杯大小要一致。若在座的有年长者,或者远道来的客人,或者职务较高者,要先给他们斟酒。如不是这种情况,可按顺时针方向依次斟酒。

○斟酒时,每斟完一杯,要把酒瓶稍收后顺手往右轻轻一旋,以免酒水溢出流滴到桌面或客人身上。如果你同时准备了红酒和白酒,请把两种酒瓶分放在桌子两端。

○斟酒时,酒杯应放在餐桌上,酒瓶不要碰到杯口。拿酒杯的姿势因酒杯不同而有所区别。高脚酒杯应以手指捏住杯腿,短脚酒杯则应用手掌托住酒杯。

○倒啤酒时,应用两只手握着酒瓶,将酒慢慢斟入杯中,否则会起很多泡沫甚至溢出杯子。当他人要为你倒酒时,用手拿起杯子并将其稍微倾斜较好。

○斟酒时,要注意面面俱到,一视同仁,不能只为个别人斟酒。

宴席有话术，句句都是社交力

喝酒也有规矩，除了酒桌礼仪，还有一些忌讳要谨记，不管私人聚餐，还是商务宴会，一定要学会管住自己的嘴巴。

禁忌一：抢话说

古人一直强调"敏于行而慎于言"，做事应该麻利，但说话要三思而后说。不经过思索就说出的话，尤其是抢话说，更容易犯众怒，从而让人抓到话中的纰漏，让好话变成坏话。

禁忌二：乱说话

不注意看情势说话的人，说好听些叫做昏聩，讲直白点，即睁眼瞎一个。因此，酒桌上不能乱说话，不要因为一句话而惹祸上身。

禁忌三：借机泄私愤

在酒桌上最能体现一个人是不是很大度，如果借此机会发泄自己的私愤，是极其不恰当的行为，最后的结果就是让一圈子的人都看不起你。

禁忌四：过度恭维

上座之人一般是长者、尊者、权者、钱者、领导等各种角色的人。中国自古讲究尊老爱幼、礼尚往来，很注重礼仪文化，但对"上座"恭维过度者，会让人有点反感，给人的感觉有点巴结的意思。在言语之中，过度地贬低别人，抬高自己的领导，在众目睽睽之下，其实尴尬得很，就怕这种人不理解，不知道自己已经冒犯了众人，给以后的工作、生活埋下了祸根，极易被大伙称为"小人"。

01 当大家见面寒暄时

😐 一般的想法

○拘谨，毫无表情。

😊 高手的思路

○在宴请中与别人见面的瞬间，要迅速培养自己的愉快情绪；要争取主动，充分体现自己的良好愿望和真诚；要使对方感觉到你的问候是发自内心的；要使对方从你的言行反应中感受到自己的存在，使其受人尊重的心理需要得到满足。

○交谈时语调要和缓，声音要洪亮，脸上要带着微笑。

○最好做一般性的寒暄，如问候、互通姓名、谈论一些无关紧要的话题等。应避免使对方感到尴尬,触及对方隐痛、引发对方不愉快回忆及易于引起争议的话题,但是也不可漫无边际。

○寒暄言语的长短,内容的繁简,往复的次数多少,要与交谈双方关系的亲密程度成正比。

02 当酒桌上与人交谈时

☹ 一般的想法

○有点紧张,无法与大家同频。

☺ 高手的思路

○鼓励自己、告诉自己大胆和人交流,即使被拒绝也没有什么大不了,不过是多了一份经验。无论结果怎么样,你都会为自己的勇气自豪。

○当你感到紧张的时候,就试着对别人微笑,然后友好地说一声"你好",接下来再自然地谈一些日常话题。

○说话时,不妨把你的音调提高,你就会更加相信自己有权说话。别人跟你讲话时,眼睛要看着对方,直视他会让你感到自己有一股力量。

○当你说的话无人理睬、无人应答的时候,别灰心,马上换个方式再重复一遍。只要你换个方式再说一遍,就会引起别人的注意,由此展开话题。当别人打断你的话时,也要坚持继续把话说完。

〇要经常花时间读些课外书籍、报纸杂志,与人多交流,开阔自己的视野,丰富自己的阅历。

03 当酒桌上的气氛不够活跃时

😐 **一般的想法**

〇频繁举杯喝酒。

🙂 **高手的思路**

〇找到合适的话题,使大家在推杯换盏之余能够兴致盎然地畅谈。适当运用自己的语言技巧,使客人在良好的交谈氛围中如沐春风。

04 当不知道聊什么话题时

😐 **一般的想法**

〇不知道从哪说起。

🙂 **高手的思路**

〇聊一些近期发生的事。比如,近日时事新闻、社会热点、明星娱乐,或者本地区、身边的新鲜事。

〇在对方比较熟悉的领域范围内,多向对方虚心请教。

通过请教降低自己的身段，以示尊重对方。对方一般会乐意讲。另外，让对方多讲些，以便我们掌握更多信息，找出下一个话题。

○如果想和一个不熟悉的人进行友好交流，就要学会投石问路，在略有了解后再有目的地交谈，这样能取得不错的效果。

05 当酒桌上倾听别人时

😐 一般的想法

○一直认真倾听，没有任何回应。

😊 高手的思路

○全神贯注地目视对方，通过点头、微笑及其他体态语言的运用，使对方感觉到自己对谈话内容感兴趣。对外界造成的种种干扰，要尽量做到视而不见、听而不闻。主观上产生的心理干扰，也要尽量控制。

○当对方在谈论某个话题时，给予相应的呼应，如讲到精彩处时，可以击掌响应；讲到幽默处时，可以以笑回应；讲到紧张处时，要避免弄出声响；当交谈者所表达的观点与自己的观点一致时，还可以轻轻点头以示赞同。

○在倾听对方谈话的过程中，为使信息接收得更准确，对一些重要意见,最好得到对方的认可,比如"您的意思是说……""我理解您的意思是……"等,如果符合对方的意图,便会得到首肯,如果不符合,对方会给你解释。

06 当酒桌上赞美别人时

☺ 一般的想法

○为了赞美而故意夸大其词。

☺ 高手的思路

○恰当的时机和措辞才能使赞美更具效力。当对方听到你不失时机地赞扬时,心中会产生一种莫大的优越感和满足感,自然也就会高高兴兴地听取你的建议和意见。

○在酒桌上赞美不在场的人时,一定要注意态度诚恳,要表现出自然而然的赞美。

○在酒桌上赞美他人,内容不能过于空泛或含糊其词,而应当把"出色"的地方具体地讲出来,这样才会让他人觉得真实可信,当有朝一日被赞美的人听到这些话的时候,也会因为感受到了其中真挚的感情而被深深打动。

○在酒桌上赞美他人并不是越多越好,应注意点到为止,而且还要慎重选择传话人,以避免赞美的话在传播途中发生"变味"。

07 当酒桌上自我调侃时

一般的想法

○频繁调侃自己。

高手的思路

○在亲密的朋友圈子中或是熟悉的同事之间进行自嘲会更加得心应手,在陌生人面前或正式场合中进行自嘲则需要更加谨慎。

○在适当的宴请场合和时间进行自嘲,要注意保持适度。

08 当酒桌上互相交谈时

一般的想法

○和熟悉的人聊得火热。

高手的思路

○察言观色。当你发现某些人受到冷落后,立即与他交流。这个人便会从中感受到你对他的重视,从而乐于和你交流。

○聊大家喜欢的话题。有了好话题,在座宾客可以畅所欲言,各抒己见,气氛自然会活跃起来。

○保持一种谦虚稳重的态度,既不要提及自己扬扬得意的事情,也不要提及令某位宾客感到难堪的事情。

○聊一些轻松的话题,如个人爱好、逸闻趣事等。

09 当不得罪人地拒绝别人时

☹ 一般的想法

○凡事都有求必应,不懂拒绝。

☺ 高手的思路

○无论对方的要求多么强烈,只要你认为不能接受,便要态度明确,坚决地予以拒绝,不能留有余地。如:"实在抱歉,我无能为力""对不起,我没有办法答应"。

○有时候碍于面子,当面不好意思拒绝朋友。这种情况下,你可以让朋友先回去,告诉朋友等你考虑好后再给他答复。然后,打个电话把你的意见告诉他。

○不好意思直接说出的话,不妨当面通过自言自语的方式表达出来。当听到对方自言自语说出心中所想时,便不好意思再提出进一步的要求。

○拒绝时,要尽量少用否定的字眼。如,你帮不了对方的忙,最好这样说:"若是我能办到的话,一定会帮你的。"

○自己找一些托词,让对方关注的焦点从自己身上移开,可以说:"这件事情,待我向领导汇报后再给你答复。"

或者说:"这件事情先放一放,咱们先讨论一下其他事情。"

○当你一方面表示拒绝时,另一方面帮对方想办法,这样就可以消除单纯的拒绝给对方带来的面子难题。

○适当地讲一讲自己的短处与自己的不足,在一定程度上降低对方的期望,当对方的期望值降低到一定程度时,那他可能会觉得你"没有求助的价值",进而主动放弃求助。

吃饭事小，结交朋友才是关键

许多人将宴请视为拓展社交的重要途径，这背后自有深意。领导是职业发展的引航者，客户是商业版图的共建者，同事是协作攻坚的同盟军，甚至昔日同窗、亲友故交，都可能在未来的某个节点成为破局的关键助力。精心筹备一场饭局，本质上是在编织一张精密的关系网络，每一个节点的稳固联结，都可能成为撬动人生机遇的支点。

不过，酒桌社交可不是简单的吃饭聊天。有的人天生会说话，几句话就能把气氛炒热，让对方记住自己；但也有人因为不懂规矩，比如敬酒顺序搞错、话题聊偏，反而把场面弄僵。明明想通过饭局拓展人脉，结果适得其反。

到底怎么在酒桌上既显得真诚得体，又能把关系处到位？怎么开场不尴尬？怎么聊天不让人反感？接下来，我们将深入剖析酒桌社交的底层逻辑，拆解实用有效的沟通策略，助你从社交场的旁观者蜕变为掌控全局的破局者，让每一场饭局都成为积累优质人脉、创造价值的契机。

技巧一：言语引共鸣

许多人一到酒桌上就感到无所适从，不知道该说些什么，这确实是令人尴尬的情境。事实上，在酒桌上没有绝对禁忌的话题，甚至一句俏皮的笑话都能让气氛活跃起来。如果你想要达到引发共鸣的效果，就需要根据所处环境或与对方的关系找到合适的话题。这样，无论谁都能参与到交流中，不至于显得局促不安。

技巧二：善于投其所好

酒桌上最大的难题之一就是如何"投其所好"。不了解对方的喜好，想要活跃气氛实在困难。如果能准确地了解对方的兴趣，言谈举止便能为其带来愉悦。在这一点上，不仅领导会对你刮目相看，他人对你的好感也会倍增。

技巧三：勤快的"手脚"

酒桌上你可以不是最能言善辩的，但只要勤快地为大家倒酒，传递笑容，也能取得别人的好感。因此，勤快的举止不仅包括口头交流，还应在行动中展现出来。酒桌上最吸引人的，往往是不仅能言善辩，还能让人感受到关怀的人。

技巧四：细节决定成败

细节决定成败。很多时候，一个人之所以会失败，往往是因为忽略了细节。在酒桌上同样如此。细心观察领导的饮食喜好,甚至是生活细节,并适当投其所好,能赢得对方的好感。

01 当与陌生人第一次吃饭时

😐 一般的想法

○初次见面,找不到话题。

😊 高手的思路

○想和饭桌上的陌生人成为朋友,就要给他一种最高礼遇,即让他感觉到自己非常重要。

○问问题是对别人感兴趣的一种表现,恰当、友好的提问可以使对方始终有话可谈,有情感可表达。

○多请教、多提问,让对方感觉你在这方面不如他,他就会畅所欲言。

○在别人和你打交道的时候,不要让人有一种紧张感。言谈举止要自然,要营造一种舒适、愉快、友好的氛围。

○做一个体贴别人的人,总是设身处地为别人着想,不让别人紧张、拘束,更不要让别人尴尬难堪。

○要想让别人亲近你,你需要具备基本的品格,即要真诚、正直和具有爱心。

02 当酒桌上说善意的"谎言"时

😐 一般的想法

○内心紧张,表情难堪。

😊 高手的思路

○即使是善意的谎言,也要注意说出来的方式,否则,你说的谎言即使出于善意,也会让人觉得你假惺惺的,是在讽刺人家。

○谎言要在一定程度上符合事实,不能很明显地"睁着眼说瞎话"。

○即便是善意的谎言,也不要过多。满嘴谎话会透支你的信用。诚信是对别人的尊重和做人的基本原则,人们都喜欢诚实可靠的人。

○纵然你说的话完全与事实不同,是真正的假话,但只要是极具诚意地表示,对方仍会相信这是你由衷之言,自然就会对你产生良好的印象。

03 当出现话不投机的尴尬时

😐 一般的想法

○既然没有共同语言,那不沟通也好。

○如果在应酬中遇见死板的人，就要花些工夫，仔细观察，注意他们的一举一动，从他们的言行中，寻找出他们真正关心的事来。可以随便和他们闲聊，拿一切能想到的话题试探他们，只要能够使他们把话题深入下去，那么事情也就好办了。接下来，你要好好利用他们感兴趣的话题，让他们充分表达自己的意见。

○遇到傲慢的人，说话应该简洁有力才行，多说无益，以免掉进他的圈套里头。

○遇到不爱开口的人，首先要辨别清楚，对方是在故作深沉，还是本就是沉默寡言的性格。如果是前者，就需要你借助应酬的场合，营造轻松的氛围，然后多用一些不同的话题去试探他，一旦找准了对方的兴趣点，自然也就撬开了对方的嘴巴；而如果是后者，最好采取直截了当的方式。

○如果遇到急性子、大大咧咧的人，你就需要细心一点，最好按部就班地来，把你所要说的话分成若干段，说完一段之后，马上征求他的意见，没问题了再进行下一步。

04 当在酒桌上化解别人的尴尬时

😐 一般的想法

○手忙脚乱,不知道怎么办。

🙂 高手的思路

○以合情合理的解释来证明对方有悖常理的举动在此情此景中是正当的、无可厚非的,或是别具匠心的。

○学会帮助对方承认"错误",并且巧妙地转移话题,把人们的注意力吸引到其他事情上面。

○采用故意"误会"的办法,即装作对其真实含义不明白,或是故意曲解,以从善意的角度做出有利于化解尴尬局面的解释。

05 当在酒桌上别人让你尴尬时

😐 一般的想法

○手足无措,贸然回击。

🙂 高手的思路

○受到别人过分嘲讽,可以顺着对方的思路通过自嘲来化解。不要忘记抓住对方的弱点,反守为攻,攻其不备。

○不慌不忙,靠自己的机智和风趣,把很棘手的难题轻易破解,使尴尬的场面变得轻松、随意、和谐。

06 当在酒桌上开口求人时

○郑重其事地说出自己的要求。

○以一种试探性的态度来提相应的问题,而这种态度又是自我否定的。例如,"我有件事情想找你帮帮忙,看你忙得够呛,估计没有时间"。

○当有具体想法时,并不直接提出,而是先提一个与自己本意相关的问题,请对方回答,然后从其答案来判断对方的意愿,如果对方表示出了某种不乐意,那就不要再提相关的事情了。

○在说话的时候顺便把问题提出来,给人一种较随意的印象,即使对方当面拒绝了,也不至于很尴尬。

○把本来应郑重其事提出的问题用开玩笑的口气说出来,如果对方予以否定,便可把这个问题归结为开玩笑。

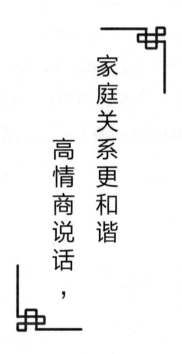

第6章

家庭关系更和谐，高情商说话

都说家是温暖的港湾，但现实里，很多人却在和家人相处时栽了跟头。明明心里满是关心，话到嘴边却成了抱怨；本想好好沟通，三两句就吵得面红耳赤。为什么最亲近的人，反而最容易互相伤害？其实很多家庭矛盾，都源于不会好好说话——对伴侣吐槽时口无遮拦，和孩子沟通时简单粗暴,跟老人交流时缺乏耐心,这些看似不起眼的语言"小毛病",日积月累就成了关系里的大疙瘩。

但换个角度看,语言也能成为修复关系的良药。一句贴心的问候能让疲惫的家人瞬间破防,一次心平气和的对话能解开长久的误会。高情商的沟通,不需要华丽的辞藻,关键是学会把话说到对方心坎里,让家人感受到被尊重、被理解。接下来,我们将拆解家庭场景中的沟通困局,用实用的话术技巧,助你把"话不投机"变成"心有灵犀",让每个平凡的家庭时刻,都能充满温暖与理解。

做回话高手，让夫妻关系更亲密

夫妻之间情投意合，除了眼缘之外，更加重要的就是沟通，沟通是否顺畅，往往就体现在一问一答之间。因此，在回答对方问题的时候，要多站在对方角度思考。

原则一：学会倾听

我们经常可以看到沉默的伴侣，经调查后发现，造成这样的后果通常是因为沉默的一方在语言斗争中失败了，便采取不沟通的策略。

原则二：爱没有对错

许多情侣在遇到问题时，喜欢辩个对错输赢。当双方意见不合时，想想双赢的解决方法，这比无休止地争论对错要好得多。

原则三：避免表达负面情绪

当心中充满负面情绪时，要设法让自己平静下来，不要让情绪来主导对话，当心绪平静时，你才能传达出内心真正所想，即便一时沮丧，对方依然能够感觉到你的爱意。

原则四：善用正向语调

即使是同样的回答，采用不同的语调也会产生不同的效果。说话的语调总是能够反映人的精神状态和情感状态，因此夫妻双方必须知道，说话的语调和所讲的内容同样重要。

01 当老婆问你穿哪件衣服好看时

😐 一般的想法

○你穿哪件衣服都好看。

🙂 高手的思路

○你今天穿的这件衣服的款式非常符合这一季的潮流。

○这个颜色配你的肤色特别好看。

○你穿这件衣服显得你很有气质。

02 当老公说今天好累时

😐 一般的想法

○那你吃完饭，早点休息吧。

🙂 高手的思路

○我知道你一直在努力，你的辛苦我都看在眼里。现在你可能觉得很累，但请你相信，你的付出都是值得的。

○如果你愿意,我希望能听到你的心声,你的快乐、你的痛苦,我都愿意陪伴你一起度过。

○我能帮你分担一些吗?比如帮你处理一些日常事务让你有一些私人空间休息一下。你的负担,我愿意和你一起承担。

○生活中总会有困难,但只要你保持积极的态度,就一定能找到解决的方法。无论遇到什么困难,我都会陪在你身边,一起面对。

03 当老婆说身体不舒服时

😐 一般的想法

○多喝热水,多休息。

😊 高手的思路

○你哪里不舒服?需要我陪你去医院吗?

○今天我来做饭吧,你好好休息。

○你先去躺一会儿吧,我在这里陪着你。

04 当老公说"老婆,你辛苦了"时

😐 一般的想法

○谢谢你,亲爱的。

○谢谢老公的关心,最近确实很辛苦,但是值得,想着我们一起把小家经营得越来越好,我就感到很开心幸福。

○老公也辛苦了,我在忙碌的同时你也在忙前忙后,一直在分担,很感谢你一直在默默付出。

05 当老婆怪你不接电话时

😐 一般的想法

○我在忙,没时间接电话。

☺ 高手的思路

○亲爱的,我真的很抱歉刚刚没有接你的电话。我知道这让你担心了,我对此感到非常抱歉。

○不好意思,刚刚我在开会,所以没能及时接听。请原谅我这次的疏忽,我会尽量不让这种情况再次发生。

06 当老公送你礼物时

😐 一般的想法

○谢谢你。

☺ **高手的思路**

○老公,谢谢你,你总是这么体贴。我很期待这份礼物,它一定很特别。

○谢谢你,老公。每次你送我礼物,我都觉得特别幸福,你总是知道如何让我感到自己是被爱着的。

07 当老婆埋怨你不顾家时

☹ **一般的想法**

○我这不是忙着赚钱养家吗?

☺ **高手的思路**

○对不起,老婆,我可能最近确实疏忽了家庭。我知道这对你和孩子们来说很重要,我会努力改正的。

○老婆,我知道我最近工作很忙,忽略了家庭。我会尽量保持工作和生活的平衡,找出更多时间陪伴你和孩子。我们可以一起制订一个家庭活动计划,这样我们就能共同度过更多美好时光了。

○老婆,你说得对。家庭对我来说非常重要,我会把家庭放在优先级,尽我所能去关心你们。

好语传家风，家和万事兴

家，是心灵的归处，更是传承的起点。而家风，恰似一条无形的纽带，串联着家族的精神脉络。在这条纽带中，语言的力量不容忽视——每一句温暖的问候、每一次理性的沟通、每一场平和的对话，都在悄然塑造着家庭的温度与风气。

会说话的家庭，矛盾少、感情深。夫妻不互相埋怨，而是好好商量事情；家长不总对孩子发脾气，而是用温和的话讲道理。这样的沟通方式，就像给家里的关系上了润滑油，越处越顺。时间久了，家里这种好好说话、互相尊重的习惯，就会变成家风，一辈辈传下去，让整个家族都和和睦睦、越过越好。

01 当与父母相处时

一般的想法

○想说什么就说，想怎么做就怎么做。

○共情优先,接纳情绪。父母表达观点或抱怨时,先放下反驳冲动,用"听起来您最近很辛苦,确实不容易"等语句共情,让对方感受到被理解。例如父母抱怨工作压力大,回应"难怪您最近总叹气,要是我也会觉得累",而非急于给解决方案。

○尊重代沟,委婉表达。面对观念分歧,避免直接否定父母。可用"您说的有道理,不过现在情况有点不同,如果尝试……会不会更好?"等句式。比如父母反对网购,可回应"您担心质量问题很对,但现在很多旗舰店售后有保障,下次我带您一起挑?"

○主动倾听,给予关注。放下手机,用点头、眼神交流等肢体语言专注倾听,适时追问细节:"后来怎么样了?"让父母感受到被重视。比如父母分享旧事,可回应"原来您年轻时这么有趣! 快多讲讲。"

○正向反馈,真诚赞美。发现父母的付出及时肯定,如"这道菜太好吃了,您手艺越来越绝了!"或在父母学习新事物时鼓励:"您居然学会用手机打车了,太厉害了!"

○化解冲突,适时服软。争吵时主动暂停,冷静后用柔和语气道歉:"刚刚是我太急了,其实您的建议我认真想过,确实有道理。"避免"冷战"或翻旧账。

02 当夫妻之间相处时

😐 **一般的想法**

○有什么事情直接说。

😊 **高手的思路**

○情绪共振,弱化对抗。伴侣倾诉烦恼时,先搁置理性分析,用"换成是我肯定也委屈,太心疼你了"传递共鸣。比如对方抱怨工作委屈,回应"难怪你最近心情不好,换谁遇到这种事都难受",而非急于评判对错。

○需求置换,柔性沟通。面对分歧时,将"你应该"转化为"我们能不能"。例如希望对方分担家务,可表达"最近工作太忙有些吃力,周末我们分工打扫,你负责收纳好不好?"

○细节共情,深度互动。交流时用具体回应代替敷衍,如伴侣分享日常时追问"那家新开的店环境怎么样?有你喜欢的菜吗?"配合微笑与肢体靠近,强化亲密感。

○日常赋能,仪式赞美。发现伴侣的微小改变及时夸奖,如"你选的约会餐厅氛围太棒了,审美越来越在线!"或在对方受挫时鼓励:"你上次××事处理得超厉害,这次也一定行!"

○矛盾降温,主动联结。争吵后率先递出"橄榄枝",用行动破冰:"给你泡了杯茶,我们心平气和聊聊刚刚的事?"避免用"你从来都不"等否定性句式激化矛盾。

03 当与公婆相处时

😐 一般的想法

○什么事情都安排老公去做。

😊 高手的思路

○日常相处:主动示好,细节夸赞。看到公婆做饭,笑着说:"妈,您炖的汤可太香了,我学着做了好几次都没这味儿,下次您一定要手把手教我!"

○意见分歧:委婉表达,借力认同。育儿观念不同时,先肯定再建议:"您带孩子的经验太宝贵了!不过现在医生说宝宝多趴,能练抬头,我们每天让宝宝试 10 分钟,您看这样行吗?"

○化解矛盾:主动服软,情感共鸣。发生摩擦后,递上一杯茶:"妈,刚刚是我着急了,没照顾到您的感受。您别往心里去!"对方抱怨时,耐心倾听:"您这么辛苦操持家,换作是我也会委屈。以后有事儿您尽管和我说,咱们一起想办法！"

○请求帮忙：降低压力，表达感激。请公婆带娃时："知道您平时带孩子累，周末如果方便，能不能帮我们看半天？"对方帮忙后，及时反馈，表示感谢："多亏您帮忙接送孩子，解决了我们的大难题！这是给您买的按摩仪，累了您就按按。"

○特殊场合：凸显重视，全家联结。家庭聚会时，当着众人夸赞："我们能安心工作，全靠爸妈把家里打理得井井有条，真的太感谢了！"

04 当与岳父母相处时

☹ 一般的想法

○经常抱怨妻子的缺点。

☺ 高手的思路

○身份定位：强化"半个儿子"角色，主动提及家庭责任。"爸，以后家里换灯泡、修水管这些体力活，您别自己冒险，随时叫我！"用行动暗示将自己纳入"家庭支柱"角色。

○情感纽带：借力伴侣拉近距离。常分享伴侣趣事："妈，您知道吗？××最近学您腌泡菜，虽然没成功，但天天念叨小时候的味道！"或对岳父说："爸，××说您年轻时钓鱼特别厉害,下次带我一起呗,她总拿这事夸您!"通过伴侣作为情感桥梁,比直接夸赞更自然亲密。

○尊重边界:保持适度"客气感"。送礼时附带谦逊话术:"爸,这盒茶叶是朋友推荐的,说特别适合您的口味,也不知道合不合心意,您多担待!"

○化解矛盾:主动担责表诚意。出现分歧时率先认错:"是我考虑不周,让您操心了! 您经验丰富,这事您看怎么处理合适? 我马上照做!"强调责任担当,避免让对方觉得女儿受委屈,例如:"都是我没照顾好××,以后一定让她少累着!"

○特殊场合:突出对伴侣的感恩。家庭聚会时公开致谢:"感谢爸妈培养出这么优秀的××,让我这辈子能遇到她! 以后我们俩一定好好孝顺您!"强调伴侣对自己的意义,向岳父母表达对伴侣培养的感激。

05 当同辈之间相处时

😐 一般的想法

○平时各自忙,有事才联系。

🙂 高手的思路

○尊重边界,不过度评价。避免随意指点对方的生活选择,用"这是你的决定,只要你开心就好"替代否定性建议。比如兄弟姐妹换工作,即使不看好,也可回应:"新挑战很有意思! 需要帮忙随时说。"

○幽默化解尴尬,活跃气氛。遇到冷场或小摩擦时,用玩笑转移注意力。例如迟到被调侃,可自嘲:"我这是特意卡点,给你多留几分钟整理帅气(美丽)的造型!"

○真诚赞美细节,避免敷衍。比起"你真厉害",具体夸奖更显真心:"你这次策划的家庭聚会太用心了! 从场地布置到游戏环节设计,连小侄女挑食的口味都照顾到了,大家都玩得特别开心!"让对方感受到关注与认可。

○主动分享资源,互利共赢。发现对方可能需要的信息时主动传递:"我刚看到个线上课程,感觉和你最近研究的方向很契合,分享给你参考"增进彼此价值联结。

○委婉表达分歧,维护关系。意见不合时,以"我理解你的想法,但我觉得……会不会更好?"开头。比如兄弟姐妹提议聚餐地点,可回应:"那家店确实很棒! 不过新开的湘菜馆评分也很高,要不要试试换个口味?"

06 当妯娌间相处时

😐 **一般的想法**

○偶尔联系,平时不关心。

🙂 **高手的思路**

○不攀比,不竞争,避免因"比较"带来的矛盾。发现对方在暗暗比较时,笑着说:"咱俩带娃各有妙招!上次看你给孩子做的营养餐,我跟着学了两招,孩子现在都不挑食了,真得谢谢你!"

○多讲对方的长处和优点,回应生活差异。面对消费观念不同,自然地说:"你选的这个包包性价比太高了!快教教我怎么淘到的?我总怕买贵,以后跟着你买准没错!"

○主动承担,处理家务分歧。长辈安排共同做事时,主动提议:"你做饭拿手,这次你掌勺,我负责洗菜切菜打下手;我擦灰拖地手脚麻利,饭后打扫卫生包在我身上!咱俩分工合作,效率翻倍。"

○主动找话题,打破尴尬冷场。初次见面或气氛尴尬时,热情分享:"听说你最近追的这部剧超火!我正愁剧荒,快给我剧透剧透,避雷指南也来一份。"

○弱化分歧,侧重学习。"你带孩子读绘本的方式太有创意了！我家娃最近总坐不住,能不能偷偷取取经,把你编故事、做互动的小妙招分享给我?"

07 当连襟间相处时

☹ 一般的想法

○维持一种"亲戚里的熟人"式的距离感。

☺ 高手的思路

○主动拉近距离,制造共同话题。用家庭纽带切入:"听说你也喜欢钓鱼? 周末约一下,输的人请全家烧烤怎么样?"

○互相补台,维护彼此面子。在家庭聚会中主动夸赞:"姐夫上次帮我解决工作难题,简直太给力了!"被长辈比较时,巧妙回应:"我俩各有'专长',他疼老婆第一,我带娃一绝!"

○主动支持,体现兄弟情谊。发现对方遇到困难,直接表态:"最近看你挺忙,孩子周末放我家,我带他们疯玩!"或分享资源:"我有个朋友做装修,比市场价低,需要的话帮你联系?"

○ 尊重边界,不过度干涉。对彼此小家庭事务不过问,比如:"你俩决定就好,我们全力支持!"

○逢年过节,礼轻情意重。送礼时可以笑着说:"给你带了盒新茶,据说味道特别好！等你泡了记得叫我来蹭一杯啊！"或者拎着特产说:"这是老家的手工点心,超好吃！你先尝尝,好吃的话下次我再帮你带！"用轻松的语气,让送礼变得亲切自然。

掌握与孩子沟通的黄金话术

与孩子沟通，离不开家庭环境这个重要基石。没有和谐的家庭环境作为支撑，再精妙的沟通话术也难以真正走进孩子的内心。唯有构建尊重、包容、关爱的家庭土壤，才能让亲子对话的种子生根发芽。当孩子在安全感十足的环境中成长，才会更愿意敞开心扉。而沟通话术恰似精准的浇灌技巧，与良好的家庭环境相辅相成，既能让孩子感受到被理解的温暖，也能帮助家长叩开孩子的心扉，让亲子交流真正成为双向奔赴的心灵对话。

法国伟大的思想家卢梭曾说过："幸福家庭是培育孩子成长的温床，家庭生活的乐趣是抵抗坏风气毒害的最好良剂。"家庭氛围对孩子的成长很重要，良好的家庭氛围是保证孩子身心健康成长的基本条件。父母要为孩子的成长营造快乐、民主、精神富足的家庭氛围，这样孩子才能拥有积极乐观的心态，才能拥有独立自主的意志，才能拥有高雅的气质和修养。那么作为家长，如何创造一个适合孩子成长的家庭环境呢？

原则一：父母要相爱

即使当婚姻偶尔出现不和谐的气氛时，至少在孩子面前要表现得相爱，千万不能把大人的感情赤裸裸地暴露在孩子的面前。否则将对孩子的成长造成不利的影响。

原则二：正确看待孩子的成长

每一个孩子都是唯一的，他们有鲜明的个性，有自身潜在的各种能力，在他们成长的过程中会表现出极为明显的个体差异。他们的某些方面有快有慢、有先有后，这些都是很正常的。作为家长要了解自己孩子的成长与发展，给他们提供适宜的教育，不要盲目攀比，切忌用一把尺子衡量所有的孩子。

原则三：理性对待孩子的未来

人生之路十分漫长，孩子的成长是谁也代替不了的，家长应该相信孩子可以选择自己未来发展的道路，家长不要越俎代庖，更不能过高苛求孩子尽善尽美。一味追求孩子"成龙成凤"，其结果可能恰恰相反——家长对孩子期望越高，可能失望越大。应该理性地对待孩子，尊重他们的兴趣、尊重他们的选择、尊重他们的发展。

原则四：还给孩子成长期的快乐

童年和青少年时期只有一次，这期间的快乐是人一生中不可缺少的精神财富,家长要像珍惜孩子生命一样去珍惜孩子的快乐,这是孩子健康成长的基础。

原则五：父母共同教育孩子

孩子的教育需要父亲和母亲同时来完成,不能相互推卸责任,否则就是对孩子不负责任。在一个良好的家庭氛围里,父亲应该与母亲共同教育孩子,这样不但会赢得孩子的尊敬,而且会使夫妻有更多的时间和精力抚养教育孩子。

原则六：父母一定要信任孩子

家长要让孩子有被信任的感觉,家长越信任孩子,孩子就会越讲信用。否则,他就会对你撒谎。

原则七：人格独立平等

良好的家庭环境,家长和孩子的人格应保持平等,家长不应该因子女年纪小,而漠视他在家中的地位。平等是创造良好的家庭心理氛围的前提。家长、子女任何一方的优越感都会对其他家庭成员造成心理压力、产生心理隔阂。保持家庭成员人格的平等,使孩子乐于把家里的事情当成自己的事情,也只有这样,孩子才易于接受家长的建议。

①01 当孩子经常说谎话时

○严厉地惩罚孩子。

☺ **高手的思路**

○在孩子说谎话的时候,不要对其进行责罚,要做到情理并重,鼓励孩子说真话。

○多与孩子沟通,主动了解孩子的内心世界,耐心细致地施与教育,更要及早发现孩子的这一不良行为,及早予以制止和改善。

○必须冷静、耐心。既要严格要求,又要关心爱护,严爱结合,对孩子晓之以理,动之以情,以正确的态度和道德观来说服教育孩子做一个诚实的人。

○要以身作则,不要当着孩子的面说谎话。言传身教,告诉孩子诚实是一种品德。

○对孩子的诚实也要及时给予鼓励和奖励。同时注意民主、理解和沟通,让孩子对父母产生信任感,摆脱心理上的阴影,及时得到改正错误的动力,获得承认过失的勇气和决心,重归文明礼貌的正轨。

02 当孩子爱说大话时

😐 一般的想法

○不够重视，任由发展。

😊 高手的思路

○一旦发现孩子说大话，要分别对待，抓住实质才能有效地教育纠正孩子的这一不良行为。

○纠正孩子的攀比心理，告诉他说大话的坏处，告诉孩子这样很可能会失去别人对自己的信任，为此而付出很大的代价，做任何事情都要实事求是。

○为孩子创造各种比赛的机会，让他在比赛中发现自己的长处和短处。看到竞争对手的强大，明白"三人行必有我师"的道理，大家都各有所长，没有永远的第一。

○尽量让孩子多参加集体活动，让他感受集体荣誉感。在活动中感受合作的力量和人际关系的重要性，学会如何与他人交往，认识到说大话很容易让大家远离他，从而改善他的人际关系，增加别人对他的信任度。

○注意自己的言行，不管是谈生意、谈事还是聊天等，都不要在孩子面前随意说大话，以免造成不良影响。更不要在孩子面前吹嘘自己，或胡乱承诺根本不可能实现的诺言。

03 当孩子说话没大没小时

😐 **一般的想法**

○恼羞成怒、大发雷霆。

😊 **高手的思路**

○教育孩子如何使用文明礼貌用语，告诉他这样做是错误的不礼貌的行为，是不会受到大家欢迎的，爸爸妈妈都希望他是个讲文明的孩子。比如当孩子对长辈说"别管我，真烦"时，可以把孩子拉到身边，轻声说："宝贝，刚才这句话像冷冰冰的石头，会砸得奶奶心里疼。我们家每个人都希望被温柔对待，你说'奶奶，我自己能做好，谢谢关心'，奶奶听了肯定会笑着夸你长大了。"

○给他讲"孔子尊师""张良拜师""孔融让梨"等故事，让孩子在故事中受到启迪和教育，从而改正不礼貌的行为。比如当讲完"孔子尊师"的故事后，可以握着孩子的手说："宝贝，你看孔子这么有学问，见到老师依然毕恭毕敬，因为他知道尊重师长才能学到更多知识。就像你每次认真听老师讲课、说'老师好'的时候，大家都会觉得你特别懂事。以后和长辈说话，是不是也能像孔子一样有礼貌呀？"

○从小教育孩子懂文明、讲礼貌，对他人常常使用"请""您好""谢谢"等文明用语，教育他要尊重别人。

○不断地提醒孩子在长辈面前要谦虚谨慎，文明有礼。当长辈给予建议或教导时，引导孩子虚心接受："爷爷的经验像宝藏一样珍贵，认真听他说话，回应'您说得对，我记住了'，爷爷会感受到你的尊重。"若孩子无意间表现出骄傲，可结合故事启发："你看孔子那么有学问，依然虚心向老师请教。我们也要像他一样，听到夸奖时保持谦逊，这样才能学到更多知识。"通过持续地引导和鼓励，帮助孩子将礼貌习惯融入日常，成为受人喜爱的谦谦少年。

04 当孩子耍贫嘴时

一般的想法

○一味地训斥。

高手的思路

○正确引导孩子多提问题，多给孩子讲些待人接物的故事，让孩子在角色中体会自己的做法是否妥当、适时。

○带爱提问、爱思考的孩子去参观博物馆或展览等，让他去探寻未知的世界，充分满足他的好奇心，激发他对知识的渴求欲望。

○用朋友一样的态度跟他沟通,让他明白也许他的"贫嘴"会给家庭和父母带来不必要的麻烦,影响家人的心情和正常生活。

○列举一些事例,说明"贫嘴"的坏处,让他体会到自己在不恰当时候的一种错误行为表现,而且要告诉孩子,不是每个人都喜欢他这样口无遮拦,每一个人都有自己的隐私和秘密,不能完全暴露给他人。

○教导爱说的孩子创作故事,或者学习表演、朗诵、唱歌等才艺,充分利用他们嘴上的功夫。

05 当孩子染上"网瘾"时

😐 一般的想法

○强制戒掉,不让他接触手机和电脑。

🙂 高手的思路

○帮助孩子建立良好的交际圈,增加孩子的人际交往,并且培养他们更多方面的兴趣爱好。良好的人际关系,以及人际交往的增多还可以扩大孩子的兴趣范围和种类,从而减少孩子对网络的依赖。

○对孩子要尊重和关爱,无论自己有多忙,也要拿出相应的时间来陪伴孩子,了解孩子的所需、心理,以及他们的烦恼,要让家庭环境和谐美好,亲子关系紧密地交织在一起,形成家庭整体氛围。在发现孩子沉迷网络时,家长可先表达关心,用共同兴趣转移注意力,避免让孩子产生被批判感。如:"妈妈注意到你最近总熬夜玩游戏,眼睛都有点红了,一定特别累吧?其实你以前很喜欢和我分享学校的趣事,最近都聊得少了,我有点想和你多聊聊呢。我们周末一起去打真人 CS 怎么样?既过瘾又能活动活动身体。"

06 当孩子痴迷电视时

一般的想法

○从来不让看电视。

高手的思路

○在看电视的时候,家长一定要陪伴在孩子身边,并和孩子一起对电视节目进行评判和讨论,告诉孩子,电视节目都是"做"出来的。如:"你看这个动画片里的超级英雄能飞起来,你猜猜导演是怎么拍出来的?其实可能是用绳子吊着演员,再加上特效合成的!是不是很有趣?这说明电视里很多神奇画面都是经过设计的哦。"以此帮助孩子建立"电视≠现实"的认知,又能培养他们的思辨能力,同时在亲子讨论中加深情感交流。

○一定要花时间好好策划一下孩子每天的活动,运用注意力转移的方法分散孩子对电视的注意力,填补没有电视的空白。如:"我听说新开的科技馆有超酷的机器人展,还有你最喜欢的恐龙化石!周末我们早点出发,回来再一起把看到的有趣知识画成漫画,比看电视更有意思,好不好?"用具体的活动计划勾起孩子兴趣,让他们主动离开屏幕。

○让孩子多接触其他的小朋友和其他活动,安排孩子看书、锻炼、户外活动、假日旅游等活动,培养孩子的多种兴趣,充实孩子的生活。

07 当孩子不合群时

😐 一般的想法

○自己陪伴孩子玩。

😊 高手的思路

○鼓励孩子多与人交往,鼓励他们与自己年龄相仿的孩子进行交往,一起玩耍。如:"楼下的朵朵每次见到你眼睛都亮闪闪的,她说特别崇拜你骑自行车的样子!如果能教她骑车技巧,她肯定会特别开心,说不定还能学到你勇敢的样子呢!"

○鼓励孩子结交那些性情温和善良、没有攻击性的伙伴。

○在孩子接触陌生环境和陌生人之前,尽量让害羞的他有心理准备,可以在路上告诉孩子要去的地方及特色、要见的是什么样的人、他们的性格和爱好、可能要做的活动和游戏等。如:"等会儿要见的王阿姨是妈妈的好朋友,她笑起来眼睛弯弯的,特别温柔,最喜欢给小朋友讲冒险故事。她家里养了只叫布丁的金毛,特别听话,还会握手和捡球,说不定你能教它玩儿新游戏!"通过人物介绍,拉近距离感。

○不要在容易害羞和孤僻的孩子面前,表扬性格开朗爱交际的孩子,或是在谈话中给自己的孩子贴上"害羞"和"孤僻"的标签,这样会伤害孩子的自尊。

○融洽他们和周围小朋友之间的关系,让他们有归属感,感受家庭和集体的温暖。

○在孩子的生日、节假日或者有纪念意义的日子里,为孩子举办热闹的朋友聚会,主动邀请孩子的好友、邻居及同学来共同为他庆祝。如:"宝贝,下周你学钢琴就满一年啦!我们想办个'小小音乐会',邀请你的好朋友来听你演奏,大家还能一起做音乐主题的蛋糕!让朋友们共同见证你的成长,把这个特别的日子变成一份特别的回忆,你觉得怎么样?"

08 当孩子爱丢三落四时

😐 一般的想法

○不是什么大问题,等孩子长大自然就好了。

😊 高手的思路

○立规矩,健全他们的生活制度。让他们有条理地生活,指导孩子将个人物品有秩序地放在固定的地方,以方便日后拿取和使用。

○引导孩子在听别人讲话时要认真,尤其是对别人交代的事情要牢牢记在心里,不能没有认真听或者没有听清,就着急行动,有意识地培养孩子办事认真、善始善终的良好生活习惯。如:"宝贝,老师说你昨天帮同学传口信,一字不差地转告给所有人,这种认真劲儿真是太厉害了!如果每次听别人说话都能像小秘书一样靠谱,大家就会特别信任你,今后会交给你更重要的任务哦!"

○针对孩子的特点开展各种有趣的活动,让孩子在活动中运用多种感官参与,提高孩子的记忆力。

○培养孩子的自理能力,让他们学会自己的事情自己做,自己整理书包、自己检查作业、准备第二天所需的学习用具及物品。

○孩子在出门前检查自己所要带的物品。很琐碎的物品可以让孩子罗列清单，记在本子上，在忘记的时候自己查询。

09 当孩子不爱学习时

😐 一般的想法

○强迫孩子学习。

😊 高手的思路

○在教育孩子努力学习的时候，一定要设身处地地为孩子着想，努力为孩子创造良好的学习环境，不断地鼓励和引导他们学习，从而提高孩子对学习的兴趣。如："你看科普纪录片时能专注半个小时，这种探索精神真的太厉害啦！其实课本里的知识也藏着好多有趣的秘密，比如物理课能解释火山喷发原理，语文课能教你写出像纪录片旁白一样精彩的句子，要不要试试看？"

○努力培养孩子高尚的品质，树立正确的人生观、价值观，增强孩子的自信心，采用灵活的方式方法，调动孩子学习的内在动力，提高孩子的自制能力和学习能力。

10 当孩子经常马虎时

😐 **一般的想法**

○小孩子粗心不是什么大事。

🙂 **高手的思路**

○用切身体会或者他人的真实经历,如自己或者朋友曾经因为在高考中马虎,结果做错了题,分数受到影响,而没有考上大学等,利用这样真实的例子来教育孩子。如:"宝贝,妈妈高考时就因为马虎吃过大亏。当时数学考试,我把答题卡的题号看错了,结果后面十几道题全填错位。出成绩那天,看着比预估低 20 分的分数,我在房间里哭了整整一下午。最终没有考上理想的大学。现在每次想起来,都特别后悔没有多检查几遍。你现在如果能养成仔细审题、反复检查的学习习惯,就是在给自己的未来上保险啊!"

○让孩子自己检查作业,自己发现自己的错误。

○锻炼孩子审题,看清题目,不要看见题就盲目上手,要理解了题意认真审核后,再做题。

⑪ 当孩子花钱大手大脚时

☹ 一般的想法

○经常给孩子零花钱。

☺ 高手的思路

○沟通时重点是让孩子感受到被尊重,同时潜移默化地建立对金钱的合理认知,避免说教式批评,孩子更容易接受。

○制订一个家庭财务计划,把家里有效的资金合理地运用到生活中,并让孩子参与到理财计划中,让他知道家中的各项开支情况,收入是多少、支出是多少,最后剩余多少。可结合具体场景,传递"需要"和"想要"的区别。如:"这个变形金刚看起来很酷,但你上周刚买了类似的,现在是'特别需要'它,还是'只是有点想拥有'呢?我们可以想想更需要的东西呀。"

○用体验感引导,让孩子理解金钱的来之不易。如:"爸爸每天上班努力工作,才能赚到买这个滑板车的钱哦。如果我们一下子花掉,可能就没办法买你下次想去游乐园的门票啦,你觉得先选哪个更合适?"

○赋予孩子选择权,培养自主规划意识。如:"这个月的零花钱在这里,你可以自己决定怎么花。如果提前花完了,后面想买其他东西可能就要等下个月啦,你来试试看怎么安排?""我们可以试试把零花钱分成几份,一份用来买当下想吃的,一份存起来买你一直想要的那个大拼图,这样既能满足现在,又能慢慢实现小目标,怎么样?"

○培养孩子记录零用钱账目清单的习惯,让孩子将自己的消费全部记录在案,每月月底进行分析各项消费是否合理。如:"宝贝,这个月你买文具的零花钱只用了计划的85%,省下的钱够买3本漫画书了!你是怎么做到精准控制预算的?""妈妈发现你买玩具的钱比计划多了15元,不过看到你给妹妹也挑了一个小礼物,特别有爱心!下次我们可以试试提前规划'分享基金',这样既不会超支,又能继续做温暖的事,你觉得呢?"